L'

avec ses

et sa maigre végétation, est à l'opposé
des verts paradis polynésiens.
Les œuvres colossales d'un peuple
démuni y ont engendré un autre mythe
que celui du bon sauvage ;
certains même n'ont pas voulu croire
qu'elles manifestaient la puissance
des seules capacités humaines.

Avec de simples outils de pierre :
pics, ciseaux et burins de basalte,
les maîtres sculpteurs façonnaient
d'énormes blocs de tuf.

Après plusieurs mois de labeur, un géant de pierre naissait enfin des flancs érodés du volcan Rano Raraku.

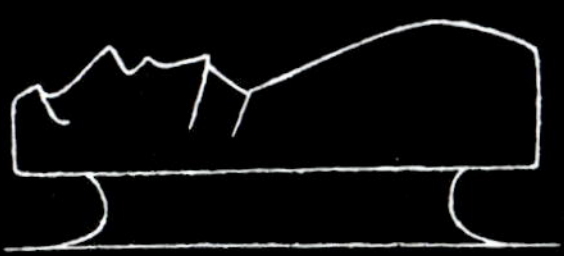

Les statues fabuleuses, détachées de leur

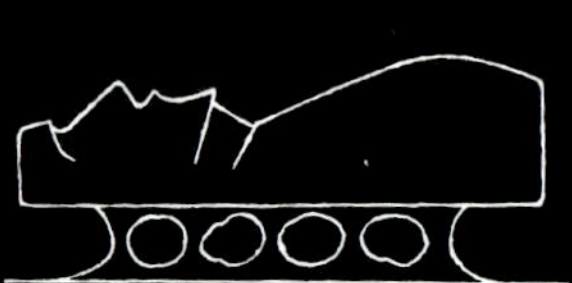

quille rocheuse, étaient traînées sur la pente puis redressées

dans une fosse
où les sculpteurs
achevaient leur
œuvre.

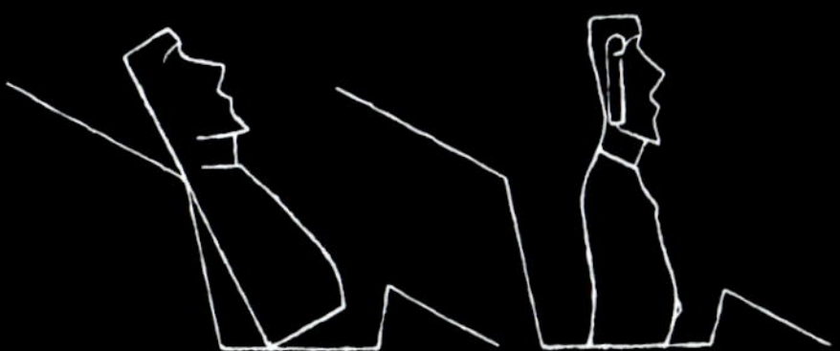

Déplacées parfois sur plus de vingt kilomètres, les statues étaient hissées sur

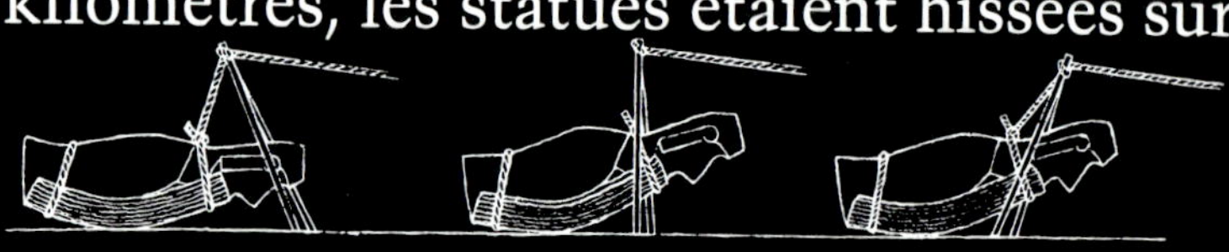

une plate-forme
monumentale :
le sanctuaire
des ancêtres.

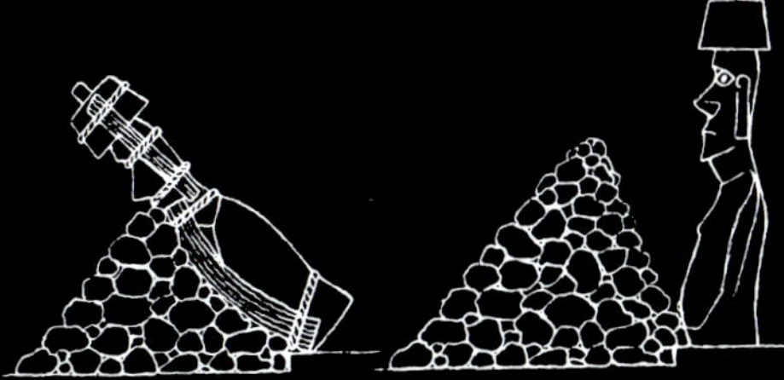

Catherine Orliac est née en 1950. Docteur en archéologie préhistorique, chercheur au CNRS, elle a consacré sa thèse aux habitations polynésiennes à la fin du XVIIIe siècle. Expert en analyse micrographique des bois, elle détermine les ligneux employés pour la sculpture à l'île de Pâques.

Michel Orliac est né en 1944. Archéologue, chercheur au CNRS, chargé d'enseignement à l'université de Paris I, il effectue régulièrement depuis 1976 des missions en Polynésie ayant pour objet l'étude de l'évolution du climat, de l'organisation du territoire et de la culture matérielle au cours du dernier millénaire. C. et M. Orliac ont dirigé, en 1995, la première mission archéologique française à l'île de Pâques dans le but d'y reconstituer l'histoire de la végétation.

DÉCOUVERTES GALLIMARD
COLLECTION CONÇUE PAR
Pierre Marchand.
DIRECTION Élisabeth de Farcy.
COORDINATION ÉDITORIALE
Anne Lemaire.
GRAPHISME
Alain Gouessant.
COORDINATION ICONOGRAPHIQUE
Isabelle de Latour.
SUIVI DE PRODUCTION
Fabienne Brifault.
SUIVI DE PARTENARIAT
Madeleine Gonçalves.
PRESSE Flora Joly et Pierre Gestède.

L'ÎLE DE PÂQUES,
DES DIEUX REGARDENT LES ÉTOILES
ÉDITION Claire d'Harcourt.
ICONOGRAPHIE Jeanne Hély.
MAQUETTE Raymond Stoffel (Corpus), Manne Héron (Témoignages et Documents).
LECTURE-CORRECTION
Catherine Leplat.

1er dépôt légal : octobre 1988
Dépôt légal : février 2004
Numéro d'édition : 123068
ISBN : 2-07-053063-9
Imprimé en France par I.M.E.

L'ÎLE DE PÂQUES
DES DIEUX REGARDENT LES ÉTOILES

Catherine et Michel Orliac

DÉCOUVERTES GALLIMARD
HISTOIRE

« Il est au milieu du Grand Océan, dans une région où l'on ne passe jamais, une île mystérieuse et isolée ; aucune terre ne gît en son voisinage et, à plus de huit cents lieues de toutes parts, des immensités vides et mouvantes l'environnent. Elle est plantée de hautes statues monstrueuses, œuvres d'on ne sait quelles races aujourd'hui disparues, et son passé demeure une énigme. »

Pierre Loti

CHAPITRE PREMIER
LES EUROPÉENS DÉCOUVRENT L'ÎLE DE PÂQUES

Avant que les rêveries fantastiques ne s'emparent de l'île de Pâques, celle-ci suscita la curiosité de tous les explorateurs du Pacifique Sud au cours des XVIIIe et XIXe siècles.

En 1721, Jacob Roggeveen voguait dans l'hémisphère austral à la recherche d'une île entrevue par le flibustier Davis

Lors de la première traversée du Pacifique par un Européen, en 1521, Magellan passa entre l'archipel des Tuamotu et celui des Marquises sans voir une île. Deux siècles s'écouleront avant la découverte de l'île de Pâques. L'insuffisance des instruments de navigation, la fragilité des navires, l'absence de méthode dans l'organisation des expéditions sont autant de faiblesses devant l'immensité du Pacifique, et la géographie du Grand Océan demeurera longtemps un mystère. Jusqu'au XVIIIe siècle la Polynésie n'est connue que par de brefs et violents contacts entre les Portugais et les insulaires des Marquises et des Tuamotu.

La plupart des géographes du XVIIe siècle croyaient en l'existence d'un continent dans le Pacifique Sud. Les icebergs que Roggeveen vit aux abords du 62° de latitude sud ne pouvaient provenir selon lui que de la débâcle de grands fleuves d'un continent inconnu qui s'étendait jusqu'au pôle Sud.

Le 21 août 1721, l'amiral hollandais Jacob Roggeveen quitte les Pays-Bas à la tête d'une flotte de trois navires armés par la Compagnie des Indes occidentales, titulaire du monopole du commerce avec les Amériques. Roggeveen partait en quête d'une terre que le flibustier Edward Davis avait aperçue dans le Pacifique Sud en 1687. La découverte de Davis apportait aux géographes du XVIIIe siècle un argument à la vieille théorie selon laquelle il aurait existé, dans le Pacifique Sud, un continent, une *Terra Australis Incognita,* qui aurait assuré l'équilibre du globe en contrebalançant le poids des terres de l'hémisphère Nord. La recherche de ce continent «qui semblait se dérober à mesure que le Pacifique dévoilait ses mystères» attirera les navigateurs dans les mers du Sud jusqu'en 1775.

“Il ne doit pas y avoir dans cette île plus de six ou sept cents habitants, et plus des deux tiers de ceux que nous vîmes étaient du sexe masculin. Ou bien les femmes sont en petit nombre, ou bien il y en eut beaucoup que l'on empêcha de se montrer pendant notre séjour.”

James Cook,
Relations de voyages autour du monde.

Le soir du dimanche de Pâques, le 5 avril 1722, les matelots hollandais aperçoivent une terre inconnue

Après s'en être approché, Roggeveen constate que le tracé des côtes ne correspond pas aux descriptions de Davis. Il nomme cette île minuscule *Paasch Eylandt* (île de Pâques). Les premiers contacts avec les habitants ont lieu le lendemain matin ; un insulaire monte à bord le plus naturellement du monde et s'intéresse surtout au navire et à son gréement. L'équipage observe avec curiosité cet homme au tempérament enjoué qui se met à danser lorsque l'orchestre de bord entame un air de musique. Après le départ de ce joyeux compagnon, le navire est bientôt envahi par une bande bruyante de visiteurs audacieux qui «arrachaient les bérets des mains des matelots et sautaient par-dessus bord avec leur butin»; dans la cabine du capitaine la nappe disparaît par le hublot... L'après-midi, un détachement de marins est envoyé à terre avec des intentions pacifiques. Les Pascuans réagissent diversement : certains font des signes amicaux, d'autres jettent des pierres. Des coups de feu éclatent au milieu d'un tumulte général; une dizaine d'insulaires sont tués. La foule se disperse puis revient sur le rivage avec des présents et des étendards en signe de paix, mais après cette tuerie, les Hollandais regagnent leurs vaisseaux. Roggeveen reprend son voyage le 10 avril à la recherche du continent austral. Sa courte visite lui a permis d'apercevoir de gigantesques statues, qu'il a cru modelées dans l'argile. Ses récits et ceux de son compagnon Carl Friedrich Behrens dévoilent à l'Europe l'existence d'une île étrange peuplée de statues colossales. Puis durant près d'un demi-siècle, l'île est oubliée par les navigateurs européens, jusqu'à ce que l'Espagne, inquiète des incursions des Français et des Anglais dans le Pacifique, envoie reconnaître les terres proches de ses colonies d'Amérique.

Cinquante ans plus tard, les Pascuans distinguent de nouveau des voiles à l'horizon

En décembre 1770, deux navires espagnols commandés par don Felipe González y Haedo,

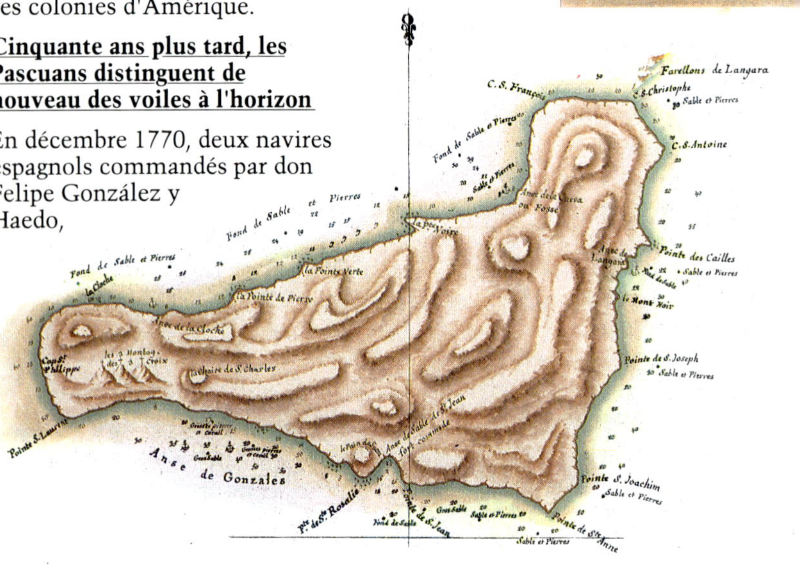

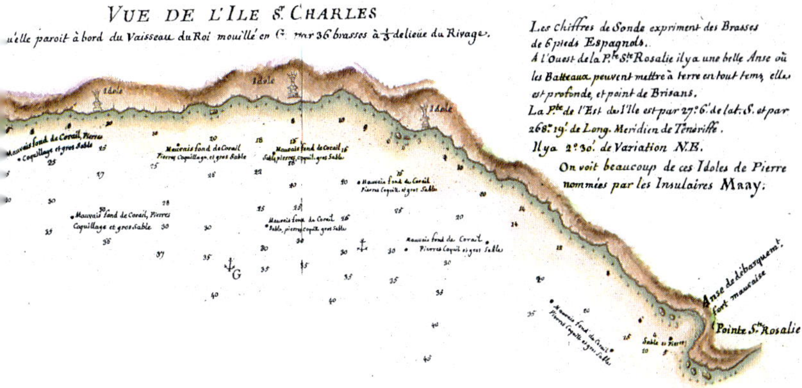

lui aussi à la recherche de la terre de Davis, arrivent en vue de l'île de Pâques. Malgré quelques larcins de la part des Pascuans, les relations restent cordiales. Le 15 décembre 1770, les Espagnols prennent possession de l'île au nom de Sa Majesté le roi d'Espagne Carlos III. En son honneur, elle est baptisée *Isla de san Carlos*. Les chefs de l'île sont invités à apposer leur marque au bas du document officiel; trois d'entre d'eux y dessinent des signes semblables à ceux que l'on lira plus tard sur les tablettes de bois *kohau rongorongo*. González y Haedo établit la première carte de l'île et reprend la mer. Il sera resté six jours.

En décembre 1770, les Espagnols ancrèrent dans la baie de Hanga o Honu qu'ils baptisèrent «anse de González». Sur la carte qu'ils dressèrent, ils ne manquèrent pas de dessiner les trois croix plantées sur les collines de Poike lors de la prise de possession de l'île.

Le 14 mars 1774, le fameux capitaine Cook fait escale à l'île de Pâques

Après sa fructueuse expédition de 1769 dans les mers du Sud, le navigateur anglais n'a qu'une hâte : repartir. «J'avais l'ambition d'aller non seulement plus loin que quiconque avant moi, mais aussi loin qu'il était possible à l'homme d'aller.» Dans une ultime recherche du continent austral, le capitaine Cook sillonne le Pacifique Sud jusqu'à la banquise. Après cette dangereuse et vaine exploration, il atteint l'île de Pâques. La *Resolution* et l'*Adventure* mouillent dans la baie de Hanga Roa; les Anglais espèrent y trouver de l'eau potable et des provisions fraîches pour les malades atteints du scorbut. Les Pascuans les reçoivent comme ils avaient reçu leurs prédécesseurs : à la fois amicaux et chapardeurs.

Faute de provisions abondantes et d'eau potable, l'expédition anglaise ne reste que trois jours à Hanga Roa; les descriptions de James Cook et celles de ses compagnons devaient apporter à l'île de Pâques la renommée universelle dont elle n'a depuis lors cessé de jouir.

Portrait de James Cook par John Webber.

Cependant il n'engage pas les navigateurs à y faire halte : «Aucune nation ne doit prétendre à l'honneur de la découverte de cette isle : car il n'y a pas de contrée qui soit d'une moindre ressource aux marins. Il n'y a point de mouillage sûr : point de bois à brûler et point d'eau douce dont on puisse remplir les futailles. La nature a répandu ses faveurs avec bien de la réserve sur ce coin de terre. [...] D'après ces inconvénients, ainsi que beaucoup d'autres, un navigateur ne touchera jamais sur cette isle, à moins qu'il n'y soit contraint, ou qu'il ne se détourne de sa route.»

L'une de ces deux statues, sur le flanc du Rano Raraku, porte la gravure d'un navire européen de la flotte de Roggeveen, de González, ou de Cook... (en bas, à gauche).

Scène et monuments de l'île de Pâques, représentés par Duché de Vancy, dessinateur de l'expédition de La Pérouse.

Le 9 avril 1786 au soir, une première expédition française atteint l'île

Louis XVI demanda à Jean-François de Galaup de La Pérouse d'entreprendre une grande expédition dans les mers du Sud pour «découvrir les terres ayant échappé à l'œil de Cook». L'*Astrolabe* et la *Boussole*, commandées par La Pérouse, jettent l'ancre le 9 avril dans la baie de Hanga Roa, baptisée «baie de Cook». Le lendemain matin à 8 heures, accompagné de quelques officiers et de soixante-dix hommes d'équipage, La Pérouse prend pied sur l'île. Comme le capitaine anglais, il s'étonne de la filouterie des Pascuans, qui volent tout ce qu'ils peuvent attraper : «Les femmes offraient leurs faveurs à tous ceux qui voulaient leur faire quelques présents [...]. Pendant les agaceries des femmes, on enlevait nos chapeaux sur nos têtes et les mouchoirs de nos poches.» Afin d'éviter tout incident, La Pérouse doit même annoncer à son équipage qu'il remplacerait chapeaux et

mouchoirs dérobés. Deux expéditions se forment afin d'explorer l'île. La première, commandée par La Pérouse lui-même, visite les monuments, les plates-formes, les maisons et les plantations autour de la baie de Cook. La seconde est dirigée par M. de Langle, accompagné de plusieurs officiers et du jardinier des «jardins du roi de France». Ils devaient pénétrer à l'intérieur de l'île, «semer des graines [...], examiner le sol, les plantes, la culture, la population, les monuments et généralement tout ce qui peut intéresser chez ce peuple extraordinaire». Durant leur exploration, le jardinier sème des

“ Quant aux femmes, je n'ose prononcer si elles sont communes à tout un district, et les enfants à la république : il est certain qu'aucun Indien ne paraissait avoir sur aucune femme l'autorité d'un mari ; et si c'est le bien particulier de chacun, ils en sont très prodigues. ”

La Pérouse, *Voyage autour du monde.*

choux, des carottes, des betteraves, du maïs, des citrouilles, ainsi que des graines d'oranger, de citronnier et de cotonnier tandis que des chèvres, des brebis et des cochons sont offerts aux habitants. M. de Bernizet, géographe de l'expédition, relève avec précision le plan de sanctuaires monumentaux et de grandes habitations.

A l'issue de cette excursion, matelots et officiers regagnent leur bord et les deux navires appareillent pour poursuivre leur exploration du Pacifique. La flotte de La Pérouse disparaît mystérieusement en 1788. C'est seulement une trentaine d'années plus tard que l'on retrouvera les traces du naufrage aux îles Santa Cruz.

1805 : les premiers rapts de Pascuans

La courte visite de La Pérouse marque le passage du dernier représentant des navigateurs humanistes du siècle des lumières ; l'histoire de l'île de Pâques entre alors dans une ère de ténèbres et de mort. Dès le début du XIXe siècle, des aventuriers et des baleiniers infligent de multiples sévices aux Pascuans. C'est d'abord l'équipage du

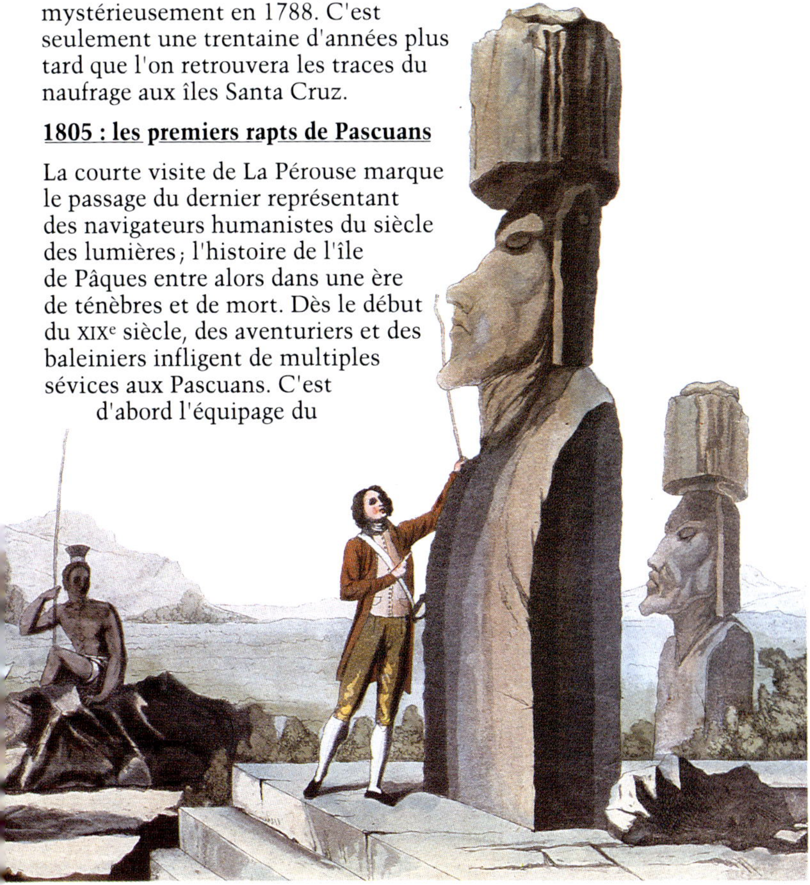

Cette gravure italienne de 1825, d'après un dessin original du voyage de La Pérouse, représente l'illustre navigateur au pied d'une des nombreuses statues de la baie de Cook ; à ses côtés Bernizet dessine le plan du monument.

schooner américain le *Nancy,* qui capture en 1805 douze hommes et dix femmes après un combat sanglant dans l'intention d'utiliser ces malheureux comme esclaves sur les îles Juan Fernández pour la chasse aux phoques. Après trois jours de navigation, les prisonniers sont admis sur le pont du *Nancy*; aussitôt libérés, les hommes se jettent à la mer, et nagent désespérément dans la direction de leur île; malgré plusieurs tentatives pour les sauver, tous périssent noyés. Cela n'empêche pas le capitaine du *Nancy* d'organiser d'autres raids sur l'île pour recruter des hommes par la force. A la suite de ces crimes répétés, l'attitude des Pascuans à l'égard des étrangers devient franchement hostile.

Danse des Pascuans à bord de la *Vénus* lors du passage de Dupetit-Thouars en 1838.

Tentative de débarquement de Kotzebue en 1816.

Terrorisés, les insulaires accueillent les navigateurs par des volées de pierres

En 1816, l'expédition scientifique russe dirigée par Otto von Kotzebue, commandant le navire le *Rurik,* tente de débarquer sur la plage d'Hanga Roa. Les Russes sont reçus par une grêle de pierres. Un second essai, sous le feu des mousquets, leur permet de mettre pied à terre; ils se trouvent au milieu d'une foule d'hommes agressifs au visage peint, qui «dansaient avec des contorsions des plus grotesques». Les Pascuans, de plus en plus menaçants, obligent les marins à reculer et à répondre aux jets de pierres par des coups de feu.

Dix ans plus tard, en 1825, le *Blossom,* commandé par F. W. Beechey, jette l'ancre dans la baie de Cook. «Il est difficile, écrit-il, de donner une idée du tableau. Tous hurlaient de toute la force de leurs poumons et se pressaient autour des canots avec toutes sortes de grimaces et de gesticulations.» Le tumulte est à son comble lorsque les marins abordent la plage. Dans une totale confusion, des volées de pierres blessent sérieusement quelques matelots, qui tirent sur la foule, tuant plusieurs hommes, dont un chef. Les Anglais quittent l'île le jour même.

Sans doute les Pascuans n'ont-ils pas oublié le passage du baleinier le *Pindos* dont l'équipage, trois ans plus tôt, avait enlevé des jeunes filles pour «amuser» les matelots; bientôt jetées par-dessus bord, elles durent regagner la plage à la nage. Walden, second à bord du baleinier, avait visé un indigène et l'avait tué... par plaisir!

Les chasseurs d'esclaves péruviens déciment la population de l'île

L'année 1862 est décisive dans l'histoire du peuple pascuan, qui faillit ne pas survivre aux horribles

Sur les îles voisines des côtes du Pérou, de Colombie et du Chili, vivent d'immenses colonies d'oiseaux marins; leurs excréments ont formé depuis des siècles d'épaisses couches d'un engrais puissant, riche en azote. Cet engrais, appelé guano, a été exploité intensivement au cours du XIXe siècle.

exactions des marchands d'esclaves. Cette année-là, en effet, des navires péruviens sont en quête de proies dans les archipels de Polynésie. Ces «négriers» ont pour objectif d'enlever des hommes et des femmes pour les revendre comme esclaves dans les grandes exploitations agricoles du Pérou. Dans cette affaire prospère, le travail se révélant particulièrement pénible, seule la main-d'œuvre fait défaut. Le 12 décembre au matin, quatre-vingt-dix marins débarquent et disposent des pacotilles sur la plage pour attirer les Pascuans. Lorsqu'un grand nombre d'insulaires sont rassemblés, la plupart occupés à examiner les denrées, les marchands d'esclaves les assaillent et les capturent. Certains s'échappent en grimpant sur la falaise ou en se jetant à la mer, beaucoup sont massacrés; d'autres, qui s'étaient présentés sur les vaisseaux, sont mis aux fers, à fond de cale. Parmi les prisonniers se trouvent le roi Kaimakoi, son fils Maurata, ainsi que les prêtres et les savants de l'île (appelés *maori*), détenteurs de la culture ancestrale.

Un millier de Pascuans, sans doute la moitié de la population de l'île, sont capturés

Après quelques mois de travaux forcés dans les exploitations de guano, neuf cents d'entre eux périssent de maladie et des mauvais traitements qu'ils ont subis. Mgr Tepano Jaussen, évêque de Tahiti, intervient auprès du gouvernement de Lima

« On a parlé, dans l'Antiquité, des condamnés aux carrières. Leur supplice était moins grand que celui des terrassiers des carrières de guano. La poussière, l'odeur, sont capables d'asphyxier un novice. Il est impossible, pour qui n'y est pas habitué, de s'arrêter une heure devant les exploitations. »

M.-L. Simonin, *Tour du monde*, 1868.

et obtient le rapatriement des prisonniers survivants. Au cours du voyage de retour, parmi les cent Pascuans rapatriés, quatre-vingt-cinq meurent de petite vérole et de tuberculose; les six malheureux rescapés débarqués à l'île de Pâques contaminent rapidement

le reste de la population. L'île se transforme alors en un véritable charnier.

A l'issue de cette épidémie meurtrière, à laquelle s'ajoutent les effets des guerres intestines (on se battait pour se rendre maître des terres restées sans propriétaire), il ne restait plus que six cents habitants à l'arrivée du premier missionnaire.

“Je me propose d'aller à l'île de Pâques. Je vous prie donc de vouloir bien accorder aux indigènes de cette île qui sont à Tahiti et qui demandent à retourner chez eux, la permission de pouvoir s'embarquer avec moi... Je me chargerais volontiers de payer leur passage.”

Eugène Eyraud
au Secrétaire général,
12 novembre 1863

Les missionnaires au secours des Pascuans

Eugène Eyraud, premier Européen à s'installer sur l'île, appartient à la congrégation religieuse des Sacrés-Cœurs de Jésus et de Marie. Ancien ouvrier mécanicien, il est entré comme novice chez les pères du Saint-Esprit et a quitté le Chili pour Tahiti avec d'autres missionnaires en 1862. Accompagné de quelques rescapés du raid péruvien, il arrive à Hanga Roa le 2 janvier 1864. Tourmenté, dépouillé par les indigènes, Eyraud reste neuf mois dans l'île. Le 11 octobre 1864, il est rapatrié au Chili dans le plus grand dénuement.

Cependant, dix-sept mois plus tard, le 27 mars 1866, il revient s'installer définitivement sur l'île de Pâques, accompagné du père Hippolyte Roussel et de trois Polynésiens originaires de Mangareva. Les Pascuans s'opposent tout d'abord aux missionnaires puis, s'habituant à leur présence, ils se laissent gagner par la bonne parole; en moins de dix mois, Eyraud et ses amis acquièrent une forte influence sur la population.

En octobre 1866, le révérend père Gaspar Zuhmbohm et le frère Théodule Escolan rejoignent les deux missionnaires, apportant avec eux des plants d'arbres fruitiers, des graines, et quelques animaux, dont une vache. La population de l'île se concentre alors à Hanga Roa et Vaihu, où les missionnaires dispensent leur enseignement. Le christianisme fait de rapides progrès : les premiers convertis sont les enfants puis les jeunes gens, enfin les femmes, les vieux chefs restant les plus réfractaires. «Les chances de triomphe s'annoncent de jour en jour plus certaines, et l'heure de la Providence semble arrivée pour les habitants de l'île de Pâques. La mission est venue s'établir au moment où le travail de destruction touchait à ses dernières limites : destruction dans l'ordre matériel, destruction dans l'ordre moral», écrivait le frère Eyraud le 22 décembre 1866. A sa mort en 1868, tous les indigènes sont convertis.

Le moai d'Orongo, ci-dessus sur le pont du *Topaze* en 1868, était la statue la plus vénérée de l'île.

L'enlèvement de la statue d'Orongo

Il ne suffisait pas d'avoir presque totalement annihilé une population, d'en avoir détruit la culture, il fallait aussi piller les richesses de son passé. Les nations occidentales vont s'y employer activement. L'année de la mort du frère Eyraud, un bâtiment de guerre de la marine britannique, le *Topaze*, fait escale à l'île de Pâques. Après avoir visité les sites monumentaux principaux, les marins du vaisseau, aidés de trois cents Pascuans, détruisent une maison du site cérémoniel d'Orongo pour en arracher la grande statue de pierre appelée depuis *Hoa haka nana ia* (l'ami volé).

Un aventurier français met l'île à feu et à sang

L'entreprise laborieuse des missionnaires est compromise à partir d'avril 1868 par l'arrivée d'un aventurier français : Jean-Baptiste Dutrou Bornier. Après bien des péripéties, cet ancien capitaine de marine

Groupe d'employés pascuans sur les plantations de Brander. A Tahiti, aujourd'hui, leurs descendants occupent un quartier de la ville de Papeete.

marchande vient se fixer à l'île de Pâques dans le but d'y pratiquer l'élevage. En 1869, il prétend acheter, pour quelques pièces d'étoffe, les terres de Mataveri, les plus fertiles, afin d'y fonder une exploitation agricole. Homme entreprenant mais très violent, il se heurte rapidement aux missionnaires; de graves incidents éclatent en 1870 entre les indigènes de Mataveri qui ont rejoint Dutrou Bornier et ceux de la mission catholique de Hanga Roa. Ce dernier multiplie les coups de main sur Hanga Roa et Vaihu jusqu'à leur destruction. La situation devient intenable et Mgr Jaussen donne l'ordre aux missionnaires d'évacuer l'île.

La même année, Brander, associé de Dutrou Bornier, envoie un navire sur l'île de Pâques afin de recruter des hommes pour ses plantations de Tahiti; trois cents Pascuans préfèrent s'exiler plutôt que de demeurer sous la domination du tyran. Toute l'île aurait été désertée si Dutrou Bornier n'était intervenu pour qu'une centaine d'indigènes ne restent contre leur gré.

Coupable de nouvelles violences, Dutrou Bornier, qui a épousé Koreta, une indigène qui se prétend la reine de l'île, est mystérieusement assassiné en 1877.

Après cette année-là, de nombreux navires abordèrent dans l'île. En décembre 1886, le vaisseau américain le *Mohican* y mouilla onze jours. William Thomson fait alors les premières véritables enquêtes archéologiques et ethnographiques. Une maison du site cultuel d'Orongo est détruite pour en extraire des dalles peintes.

L'annexion du Chili en 1888

Après la mort de Dutrou Bornier, Brander établit Alexandre Salmon comme gérant de ses affaires dans l'île. C'est le fils d'un important négociant de Tahiti et de la princesse tahitienne Ariitaimai. Salmon va vivre une dizaine d'années dans l'île avec une équipe de Tahitiens. Il s'entend bien avec les Pascuans et contribue à l'amélioration de leurs conditions de vie. L'économie de l'île se développe rapidement avec l'introduction massive de bétail : en 1886 il y avait déjà plus de dix-huit mille moutons.

Le 9 septembre 1888, le capitaine chilien Policarpo Toro annexe l'île; Brander et ses associés cèdent leur exploitation à une entreprise chilienne. Puis le Chili loue toute l'île pour l'élevage des moutons, à l'exception du village d'Hanga Roa et de ses abords, réservés aux insulaires. En 1901, son contrôle est dévolu à la Marine.

En 1966, un décret chilien crée un nouveau département : celui de l'Île-de-Pâques, province de Valparaiso.

Le missionnaire bavarois Englert s'installa à l'île de Pâques en 1935 et y séjourna jusqu'à sa mort en 1969; passionné par la culture pascuane, il publia ses travaux dans un ouvrage intitulé *la Tierra de Hotu Matua.*

« Alors Tane repartit dans sa pirogue, il navigua d'âge en âge et continua à naviguer d'âge en âge ! Ils arrivèrent à un abîme dans l'Est, et à un abîme dans l'Ouest. Ils traversèrent des pays avec de violentes marées et des pays à brises légères. La pirogue battait çà et là dans des courants contraires. »

Légende tahı

CHAPITRE II

DES CATAMARANS SOUS LES ÉTOILES

Les Polynésiens ont parfois été comparés aux Vikings ; en réalité, leur épopée maritime couvre un espace océanique beaucoup plus vaste, de la Nouvelle-Zélande à Hawaï et à l'île de Pâques.

L'accès aux îles éloignées est une des ultimes conquêtes de l'homme. Les Océaniens franchissent, lors de la dernière glaciation il y a 50000 ans, quelques dizaines de kilomètres entre l'Asie du Sud-Est et le continent formé alors par l'Australie et la Nouvelle-Guinée. L'étape suivante, plus de deux-cents kilomètres, permet d'atteindre, il y a 12000 ans, le nord de la Mélanésie. De véritables exploits pour des chasseurs-cueilleurs! Mais ce sont des horticulteurs, marins émérites, qui découvriront les îles de l'Océanie lointaine, entre 1500 et 1000 av. J.-C.

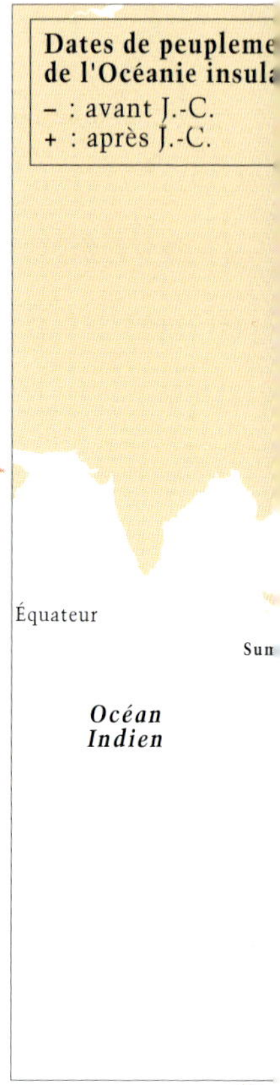

Vers 1500 av. J.-C., des peuples de la mer sillonnent l'ouest du Pacifique à la recherche de terres nouvelles

Naviguer 1000 kilomètres sans escale devient possible; le Vanuatu, la Nouvelle-Calédonie, les Fidji, les Tonga et Samoa accueillent ces navigateurs austronésiens connus par leur céramique «Lapita».

Après un long mûrissement des économies et des techniques, les premiers Polynésiens entreprennent, au Ier millénaire de notre ère, des voyages de 4000 ou 5000 kilomètres; ils parviennent aux trois sommets d'un triangle de 7000 kilomètres de côté : Hawaii vers 700, l'île de Pâques entre 800 et 1000, et la Nouvelle-Zélande au XIe siècle.

Ces habiles horticulteurs transportaient les plantes et les arbres nécessaires à leur alimentation,

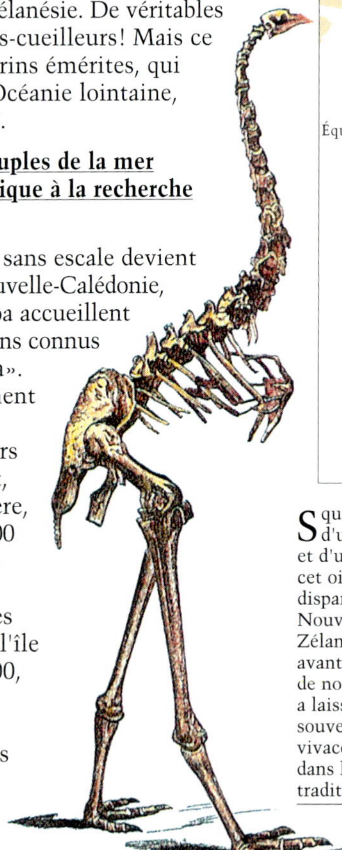

Squelette d'un chef maori et d'un moa, cet oiseau géant disparu de Nouvelle-Zélande avant 1500 de notre ère, a laissé un souvenir vivace dans la tradition orale.

à la confection de leurs vêtements et de leur équipement, et certains aussi pour leurs fonctions symboliques. Vers l'an mille, la patate douce issue des côtes péruviennes parvint au centre de la Polynésie (îles Cook); depuis l'ouest du Pacifique, le taro, l'igname, le bananier, l'arbre à pain, etc. enrichirent peu à peu des terres sans ressources, là où le climat le permettait.

Ils transportèrent également d'île en île leurs animaux familiers : cochons, chiens, poules et rats, petits oiseaux au plumage coloré, émissaires des puissances divines. A ce titre, les ancêtres colonisateurs des archipels pouvaient être

Venus d'Asie du Sud-Est il y a 3500 ans, les premiers «maîtres de l'Océan» parcourent l'ouest du Pacifique, portant d'île en île une céramique nommée «Lapita» (à gauche). Ces marins atteignent les îles Tonga et Samoa vers 1000 av. J.-C. Ils parlaient probablement une langue austronésienne.

légitimement considérés comme des dieux, à l'origine de tout ce qui dans la nature est indispensable à l'homme.

La grande aventure vers le Levant : peu à peu les flottes d'expédition peuplent le Pacifique

Le déplacement des ancêtres des Polynésiens s'est effectué, à partir de l'Indonésie, le long des côtes orientales de la Nouvelle-Guinée; puis ils ont occupé les rivages des îles Mélanésiennes et se sont lancés vers le Levant. Ils ont alors peuplé des terres distantes de 400 à 600 kilomètres jusqu'aux archipels de Tonga et de Samoa. Il leur a fallu

Les forces navales de Tahiti, rassemblées dans la baie de Matavai le 14 mai 1774, regroupaient cent soixante bâtiments. Le peintre William Hodges a donné plusieurs versions de ce spectacle impressionnant.

ensuite franchir un vide de 1 800 kilomètres entre ces îles et celles de la Société, avec un relais possible, à peu près à mi-chemin, aux îles Cook. Ils ont alors atteint ce qui est aujourd'hui la Polynésie française.

Les premiers Européens dans le Pacifique Sud furent fascinés par le talent nautique des Polynésiens et les qualités de leurs embarcations. Ils s'émerveillèrent de constater que des vaisseaux longs d'une trentaine de mètres pouvaient être réalisés avec de simples outils en pierre.

Les Mélanésiens et les Polynésiens, pour leurs courses transocéaniques, avaient construit

Des éléments de cette armada sont ici transposés à Fare, Huahine. Les vaisseaux, longs de 17 à 33 m, dont la proue sculptée s'élevait à 10 m au-dessus des flots, pouvaient porter de 30 à 300 guerriers.

d'immenses catamarans d'expédition, dont les deux coques, reliées par un pont, portaient les voiles et un abri solide. Ces bateaux n'existaient plus lorsque les Européens découvrirent les lointaines îles du Pacifique. Les voyages les plus réguliers, longs au maximum

Grand bateau démâté à double coque dans son hangar, aux îles Tonga.

de 400 kilomètres, se limitaient alors à des liaisons à l'intérieur du même archipel. A la fin du XVIIIe siècle, les bâtiments les plus imposants étaient ceux destinés aux dieux et à la guerre.

Grâce aux chants maoris, des témoignages de ces anciennes expéditions nous sont parvenus

Dans chaque archipel, les traditions orales nous ont laissé des récits destinés à légitimer les droits à la terre de certaines lignées, reconnues comme premières occupantes des lieux. Ces récits sont souvent enrichis de détails

Les grands bateaux polynésiens étaient faits de planches taillées à l'aide d'herminettes de pierre; les bords de ces planches étaient percés avec des ciseaux en os humain ou en coquille. On les assemblait ensuite sur la quille et les membrures en les «cousant» bord à bord avec de forts cordages en fils de bourre de coco tressés. Les joints étaient calfatés par de la filasse de bourre de coco et de la sève collante de l'arbre à pain.

Poussière d'îles

S'il y a bien des milliers d'îles, d'atolls, de récifs dans le Pacifique Sud, la surface des terres émergées n'en reste pas moins infiniment minuscule. La chance de rencontrer un de ces îlots est bien faible, si l'on s'en tient au hasard seul. Pour en juger, il suffit de dénombrer les êtres vivants qui sont parvenus, au gré des vents et des courants, à peupler les terres éparpillées dans cette immensité liquide.

Une race unique

“ C'est extraordinaire que la même race se soit répandue sur toutes les îles de ce vaste océan, de la Nouvelle-Zélande à cette île, car cela comprend presque un quart de la circonférence du globe. Beaucoup d'entre eux n'ont d'autre connaissance les uns des autres que ce qui s'est transmis des traditions anciennes au cours des temps; on peut dire qu'ils sont devenus des nations distinctes, chacune ayant adopté quelque coutume ou habitude particulière. ”

James Cook,
Relations de voyages autour du monde.

Entre l'archipel de Hawaï, la Nouvelle-Zélande et l'île de Pâques : la grande famille polynésienne

Au cours de leur quête du continent austral, les Européens s'aperçurent très vite que, partout où ils abordaient dans le Pacifique, ils se trouvaient en présence de populations qui avaient la même apparence, des coutumes voisines, et qui parlaient la même langue, ou peu s'en faut. Les Tahitiens qui accompagnaient le capitaine James Cook purent ainsi aisément communiquer avec les Marquisiens, mais aussi, bien qu'un peu plus difficilement, avec les Maoris de Nouvelle-Zélande et les Pascuans. C'est en tahitien que le révérend William Ellis prêchera à Hawaï en 1823 et que les missionnaires s'adresseront aux Pascuans.

L'identité polynésienne se manifeste à l'intérieur de l'espace océanique aussi bien par la façon de concevoir le monde, d'honorer les dieux, de nommer les rois et de traiter les morts, que par celle de construire sa maison, de se parer ou de se nourrir. Ainsi, en tous lieux, oiseaux et divinités sont intimement mêlés, et le *mana* constitue la force par excellence ; force qui peut investir des centaines de dieux parmi lesquels Tangaroa apparaît comme le plus important. Ses créatures, Tiki, principe masculin, et Hina, son complément féminin, sont à l'origine du genre humain.

Peuple de la mer, les Polynésiens manifestent un puissant attachement à la terre

D'un bout à l'autre du Grand Océan, on retrouve la même affectueuse attention pour les produits de cette terre qui accueille les fragiles plants d'arbre à pain, les pousses de bananiers, le taro, l'igname, la patate douce, la canne à sucre, l'arrow-root et la cordyline.

Un Maori de Nouvelle-Zélande, un Hawaïen et un Pascuan partagent la même conception élargie de la famille. Une famille à laquelle l'adoption peut ajouter de nombreux membres, bénéficiant des mêmes droits fonciers que les héritiers biologiques.

La fable polynésienne est dans presque toutes les îles celle du chien, du cochon, de la poule et du rat, compagnons toujours présents lors du grand voyage, mais qui n'y ont parfois pas survécu, ou qui se sont révélés, sur certaines terres peu favorisées, être des concurrents insupportables.

Enfin l'équipement et les techniques des Polynésiens montrent partout le même opportunisme dans le choix des matières premières, né des situations de pénurie vécues sur les atolls, où les seules matières susceptibles d'être transformées en outils sont offertes par le règne animal : coquille, dent et os. Qu'il s'agisse des outils de pierre, des hameçons ou des peignes à tatouer, l'outillage présente une unité à peine troublée par les particularismes locaux.

A l'île de Pâques, un petit groupe de colons a développé, sur un fond polynésien, quelques traits exacerbés par l'isolement.

Le lien intime qui existe entre les monuments cultuels et les droits des familles sur la terre, la façon de la répartir entre les groupes humains qui constituent la société, le nom des divisions territoriales élémentaires constituent autant de traits d'union entre les membres de la famille polynésienne.

« Une prêtresse avait abordé sur l'îlot de Motiro Hiva. Les dieux Make Make et Haua lui apportaient les produits de leur pêche. Un jour Make Make dit : "Je suis venu ici à la recherche d'oiseaux. Si nous les chassions devant nous jusqu'à l'île de Pâques ?" Haua lui répondit : "C'est bien. Ordonne à la vieille prêtresse de s'apprêter car nous allons partir pour l'île de Pâques." »

Mythe pascuan

CHAPITRE III
LA VIE DES ANCIENS PASCUANS

La vie des Pascuans était rythmée par les cérémonies du culte de l'Homme-Oiseau

Le roi, d'ascendance divine, assumait les relations avec les dieux

A l'île de Pâques, l'autorité civile du roi dépendait de son mana, de cette parcelle de puissance divine qu'il tenait de ses ancêtres. C'est grâce à la présence du roi, «ruisselant» de mana, que les catastrophes épargnaient le territoire dont il avait la charge, que les poissons migrateurs et les tortues y apparaissaient au bon moment, que les animaux domestiques, les légumes et les fruits y croissaient en abondance. C'est encore le roi, l'*ariki mau*, qui, en cas de sécheresse, armé d'un long bâton, suppliait le dieu Hiro de faire venir la pluie, qui

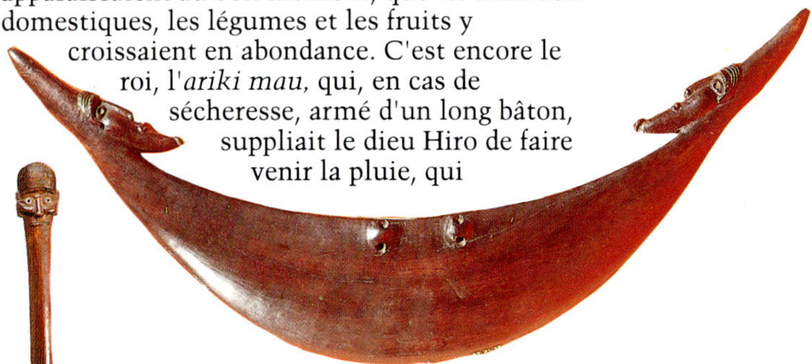

déclarait tabou les cultures ou qui, levant cet interdit, autorisait les récoltes. Les prémices de tous les produits de l'île lui étaient offertes et lui seul avait le droit de transgresser les tabous et de manger du thon en hiver ! Le mana du souverain, bénéfique pour la communauté, était dangereux pour les individus : on ne l'approchait pas impunément et le commun des mortels ne se serait pas hasardé à le regarder, lui ou son dauphin, manger ou même dormir.

La résidence royale, sacrée, était à Anakena. C'est là que, portant six petits ornements pectoraux en bois suspendus à son cou, les *rei miro*, et tenant à la main son sceptre *ua*, il recevait régulièrement l'hommage des représentants des tribus. Des fêtes étaient organisées afin qu'il juge de la qualité des tatouages et des parures d'oreille des jeunes gens.

Les insignes de bois dont le roi se parait lors des fêtes étaient finement travaillés : le bâton ua était orné d'une tête sculptée et les extrémités des rei miro représentaient des personnages barbus ou des coqs.

Assisté d'un prêtre, il devait prendre un repas dans chaque maison nouvellement construite.

Il inaugurait également les nouveaux bateaux et baptisait les jumeaux d'un nom royal.

De la noblesse aux esclaves : une société très hiérarchisée

Le roi de l'île de Pâques était issu du lignage des Honga, dont les membres, descendants du fils aîné de Hotu Matua – qui, d'après la légende, fut le premier à débarquer sur l'île –, appartenaient de droit à la noblesse de l'île. Les prêtres jouissaient de prérogatives proches de celles des nobles, mais le pouvoir politique était aux mains des *mata toa*, les chefs de guerre. Les spécialistes, chantres, sculpteurs, pêcheurs, bénéficiaient d'une considération qui variait suivant leur spécialité et leur adresse.

Le petit peuple, le plus important en nombre, cultivait la terre et fournissait probablement la corvée lors des grands travaux. Les esclaves,

“Des relations entre individus, nous ne pouvons entrevoir que les formes extérieures et les marques de politesses.[...] Lorsqu'un chef venait rendre visite au chef d'une autre tribu, il rencontrait sur sa route des groupes de guerriers, qui lui faisaient escorte. Sans doute les chantres récitaient-ils en cette occasion ces longues généalogies psalmodiées comme il est d'usage aux Tuamotu. Ils s'avançaient l'un vers l'autre et, inclinant la tête, se pressaient mutuellement les ailes du nez.”

Alfred Métraux, *l'Île de Pâques*.

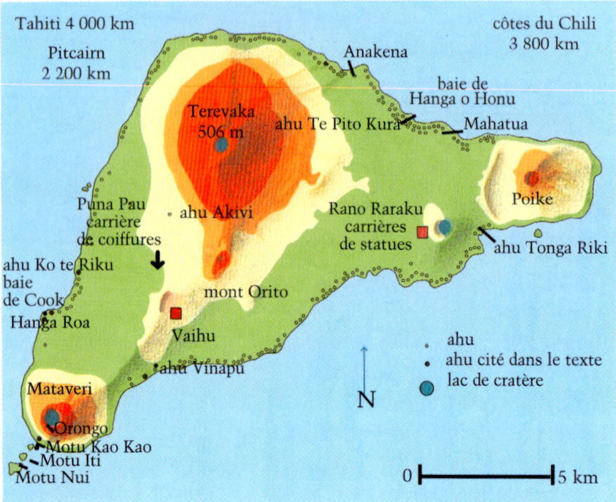

«Ils m'arrêtent devant une de ces demeures en chaume qui sont là partout, aplaties parmi les roches et le sable, ressemblant à des dos de bête couchée. Et ils m'invitent à entrer, ce que je suis obligé de faire à quatre pattes, en me faufilant à la manière d'un chat qui passe par une chatière, car la porte, au ras du sol, gardée par deux divinités en granit de sinistre visage, est un trou rond, haut de deux pieds à peine.»

Pierre Loti,
l'Île de Pâques.

capturés au cours des combats, étaient astreints aux travaux forcés. Parfois voués au sacrifice, ils étaient considérés par leurs maîtres comme une savoureuse réserve de nourriture.

A l'origine du partage des terres : les six fils de Hotu Matua

Selon un chant traditionnel, Hotu Matua avait six fils, entre lesquels il partagea l'île peu avant sa mort. Suivant la règle polynésienne, son aîné reçut, outre le titre de roi, les terres où son père s'était fixé, autour de la baie d'Anakena et au nord-ouest de celle-ci. Ses frères occupèrent des territoires dont l'importance et la situation correspondaient à l'ordre de leur naissance. C'est ainsi que la tradition explique la création des six districts principaux, ou *mata*, probablement symbolisés par les six *rei miro* que le roi portait lors des cérémonies.

Certains de ces domaines se subdivisèrent par la suite. A l'arrivée des Européens, on comptait dix mata, regroupés en deux grandes entités concurrentes, l'une à l'est, le «petit district» et l'autre à l'ouest, le «grand district». On retrouvait cette répartition dans le village cérémoniel d'Orongo, dont la moitié ouest était dévolue aux experts du «grand district», tandis que celle de l'est l'était aux spécialistes du «petit district».

Les maisons se regroupaient sous le regard protecteur des dieux du sanctuaire

Chaque mata était composé de nombreux lignages, ou «familles» au sens large, issus d'un ancêtre commun. Chaque lignage avait un *ahu,* lieu de culte et de sépulture édifié par le groupe familial, sur lequel étaient érigés les *moai,* statues de ses dieux et de ses ancêtres divinisés. Le ahu exprimait aussi la puissance et le prestige de chaque famille. Les maisons du lignage se regroupaient devant ce monument. Chaque domaine héréditaire était divisé en *kainga,* parcelles de terrain réparties entre les maisonnées. C'étaient probablement d'étroites bandes de terre s'étendant depuis la plage jusqu'à l'intérieur de l'île.

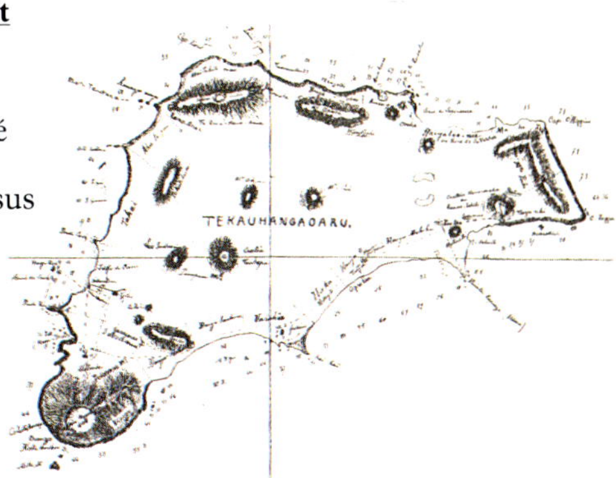

Carte des principales divisions territoriales, dressée en 1870.

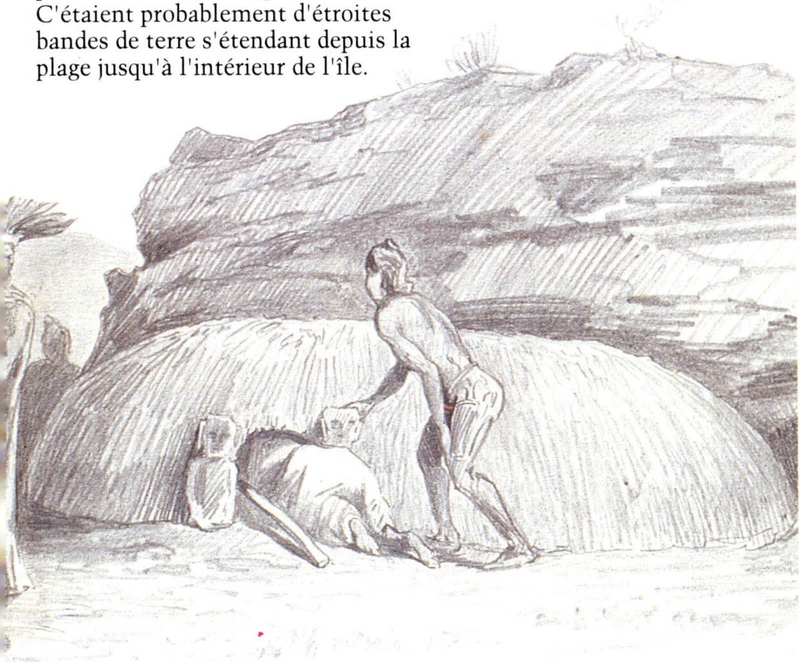

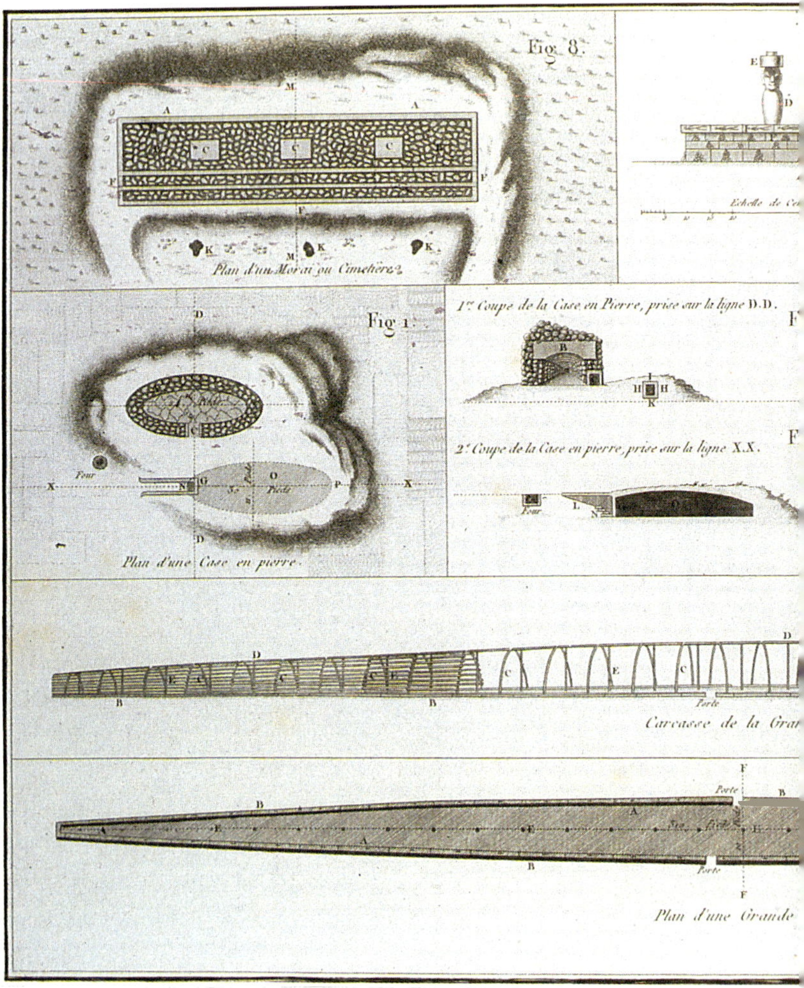

Les frontières de ces unités territoriales étaient marquées par les reliefs naturels : collines, escarpements, ou par des monuments, statues moai et tas de pierres peintes en blanc. La répartition des mata et de leurs subdivisions prenait l'aspect d'une mosaïque qui a paru parfois incohérente. Il était nécessaire, en effet, que chaque groupe puisse, sans

Vue de différentes habitations de l'île, dessinée par Bernizet et publiée dans l'*Atlas du voyage de La Pérouse.*

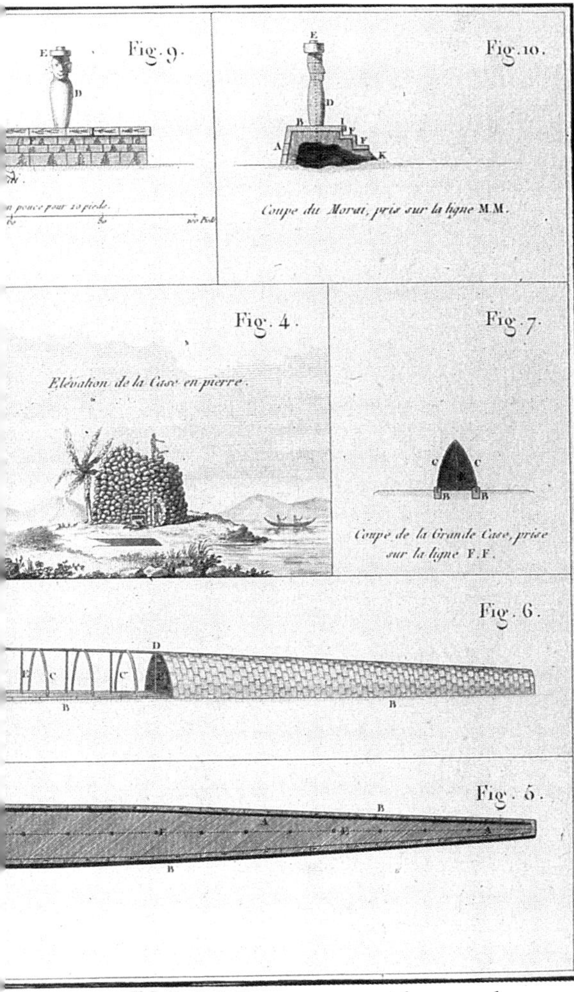

La charpente de la grande maison (fig. 5 et 6) était composée de chevrons arqués se croisant de part et d'autre d'une panne faîtière sur laquelle ils étaient solidement attachés. La faîtière était supportée par de nombreux poteaux. Des pannes, liées horizontalement sur les chevrons, assuraient la fixation des éléments de couverture.

avoir à subir la loi d'un autre, accéder aux plages ou aux grottes-refuges, se procurer les roseaux du fond des volcans pour les toitures, obtenir la précieuse obsidienne du mont Orito et l'andésite olivine du mont Otu pour l'armement et l'outillage, ou encore ouvrir sa carrière de statues dans les flancs du volcan Rano Raraku.

Des habitations composées d'un simple toit reposant directement sur le sol

L'habitation traditionnelle la mieux connue parce qu'abondamment décrite par les voyageurs européens est une structure allongée de forme elliptique, souvent comparée à une embarcation retournée la coque en l'air. Les plus grandes de ces maisons pouvaient atteindre 90 mètres; celle qui fut visitée par l'expédition de La Pérouse abritait 200 personnes.

Les toits étaient recouverts de nattes, de feuilles de canne à sucre, de bottes de joncs ou d'herbes. La porte, basse et étroite, s'ouvrait au milieu de la façade; des sculptures de pierre ou des statuettes de bois pouvaient être placées à l'entrée de l'habitation pour la protéger. D'après la tradition, le pilier central de la maison était doté de pouvoirs magiques. La porte était fermée d'un filet aux mailles suffisamment serrées pour empêcher le passage des poules.

Les Pascuans avaient l'habitude de se réunir devant la maison où était aménagé un pavage semi-circulaire : ils y travaillaient, y mangeaient et bavardaient durant la journée. La nuit, les membres de la maisonnée dormaient sur des nattes de joncs posées sur un épais matelas d'herbe, la tête reposant sur des oreillers de pierre souvent décorés.

Certains éléments architecturaux différaient selon les classes sociales : les habitations des chefs et des dignitaires, prêtres ou nobles, se distinguaient notamment par une entrée aménagée en vestibule et par un pavage bien agencé, constitué de pierres en rangées parallèles.

Les *hare paenga*, habitations réservées aux dignitaires, faisaient face à l'ahu; leurs chevrons étaient plantés dans des cavités creusées dans les pierres de soubassement. Le pavage était en gros galets comme on le voit ci-dessous sur cette photographie des fondations d'une maison pascuane. Il était parfois agrémenté de petits morceaux de corail.

On plaçait à l'entrée des maisons ce type de figurine en bois, appelée *moko*, représentant un lézard.

Les habitants vivaient parfois dans les nombreuses grottes de l'île

Les Pascuans aménageaient des excavations naturelles qui leur servaient d'habitations. L'entrée pouvait être murée, ne laissant qu'un étroit passage par lequel il fallait passer en rampant. A l'intérieur, l'aire de couchage pouvait être installée sur une plate-forme de pierre. De petites grottes non aménagées étaient utilisées comme habitations temporaires, d'autres servaient de cache en temps de guerre. Des refuges tabous étaient aménagés dans des tubes de lave ; l'accès à la chambre souterraine se faisait alors par un étroit couloir artificiel. Ces refuges souterrains étaient parfois décorés de pétroglyphes.

Les «hare moa», ou poulaillers

A une vingtaine de mètres des habitations se trouvaient des constructions de pierre sur plan rectangulaire et parfois circulaire, faites de petits blocs amoncelés et soigneusement ajustés.

A l'intérieur, au centre de la structure et dans sa longueur, étaient aménagées de petites chambres auxquelles on accédait par un couloir étroit. Au niveau du sol, une petite ouverture pouvait être bouchée par un seul gros galet.

La nuit, les Pascuans enfermaient leurs poules dans ces constructions pour se prémunir des larcins, fréquents dans l'île. Ces volatiles représentaient une réelle richesse pour leur propriétaire non seulement pour leurs œufs et leur chair, mais aussi parce qu'ils étaient offerts comme cadeaux lors des cérémonies et des fêtes, et ces échanges constituaient un élément fondamental de la vie sociale.

Représentation fantaisiste d'une Pascuane revenant de la pêche, par Grasset de Saint-Sauveur. Ci-contre, une maison de poules figurant dans un ouvrage allemand du XIXe siècle.

La pêche, hasardeuse, palliait difficilement l'insuffisance des ressources carnées

Nul ne sait si les premiers Pascuans avaient apporté avec eux dans leur migration leurs chiens et leurs porcs; il n'a pas encore été découvert d'ossements de ces animaux sur les sols archéologiques les plus anciens. La poule et le rat constituaient donc les seules ressources carnées terrestres habituelles, avec les oiseaux de mer. Les repas cannibales étaient réservés aux chefs militaires et à leurs guerriers. Les apports en protéines étaient donc

rares; la pêche à pied ou en bateau tirait de la mer de quoi diversifier et agrémenter une alimentation principalement végétale, basée avant tout sur l'inévitable patate douce.

La pêche la plus commune était pratiquée entre les rochers du rivage par les femmes : à l'aide d'un harpon, elles attrapaient les petits poissons et les crabes; elles ramassaient les oursins et diverses espèces de coquillages. Les hommes capturaient la langouste et les poulpes dans les filets, ou à la main, la nuit à la lueur des torches.

La flotte de pêche des Pascuans était très réduite : si Roggeveen dit avoir vu plusieurs pirogues en 1722, Cook n'en comptera plus que trois ou quatre en 1774.

A bord de ces pirogues en planches «cousues», les pêcheurs spécialistes rejoignaient au large des emplacements localisés grâce à des amers constitués parfois par les statues. Mais l'île de Pâques n'est pas sous la protection d'un récif de corail, et la grosse mer y rendait la pêche dangereuse sinon impossible pendant les mois d'hiver, de juillet à septembre. Elle était d'ailleurs interdite par un tabou pendant cette saison. Seule la pirogue royale, dans laquelle ne prenaient place que des dignitaires, pouvait durant cette époque de l'année s'aventurer loin des côtes.

Les habitants de l'île de Pâques pêchaient avec des lignes munies d'hameçons en os ou en pierre (ci-dessus). Ils utilisaient aussi des petits éperviers, des seines de 10 m de long et des filets à poche qu'ils immergeaient à 50 m de profondeur.

Les jardins souterrains abritaient les cultures du vent et du soleil

Les habitants de l'île de Pâques construisaient de petites structures en pierre appelées *manavai* pour retenir l'humidité du sol et protéger les cultures de l'ardeur du soleil comme de la violence et de la salinité des vents. Ces constructions, généralement aménagées à proximité des habitations, étaient faites d'épais murs de pierre qui délimitaient des surfaces d'environ 3 à 10 mètres de diamètre, dans lesquelles on plantait des légumes, des mûriers à papier et des bananiers. Ces jardins étaient isolés ou assemblés en groupements pouvant

Les Pascuans cultivaient leurs fruits et leurs légumes dans les dépôts d'humus humides accumulés dans les effondrements naturels.

D'origine américaine, la patate douce constituait l'une des bases de l'alimentation.

atteindre une quarantaine d'enclos. Les effondrements naturels du sol étaient aussi utilisés; des patates douces, des ignames, de l'arrow-root, des taros, de la cordyline, de la canne à sucre et d'autres plantes poussaient ainsi à l'abri des intempéries dans une véritable serre, parfois à 5 ou 6 mètres de profondeur. Ces jardins étaient souvent limités par un petit muret quadrangulaire ou circulaire. D'après les témoignages des premiers Européens, les hommes cultivaient aussi des champs bien agencés en parcelles rectangulaires non clôturées, protégées du soleil et du vent par un matelas d'herbe qui conservait l'humidité et servait d'engrais.

Des vêtements d'écorce battue et d'herbe

Le *mahute,* mûrier à papier, cultivé à proximité des habitations dans les manavai, servait à la fabrication du *tapa*, étoffe d'écorce battue.

La présence de l'igname (ci-dessus) et de l'arrow-root (ci-dessous) dans les îles du Pacifique marque l'itinéraire des Polynésiens depuis le Sud-Est asiatique.

La confection de ce tissu végétal était confié aux femmes. Comme ailleurs en Polynésie, les écorces, après avoir été détachées des jeunes

troncs et mises à tremper pour les assouplir, étaient battues sur une enclume de pierre carrée à l'aide d'un gros galet ou d'un battoir de section quadrangulaire en bois de toromiro. Après un séchage de quelques jours entre des feuilles de bananier, les étoffes d'écorce battue étaient cousues entre elles avec une aiguille en os d'oiseau.
La production d'écorce de mahute n'était guère abondante dans l'île et la confection des étoffes était délicate, aussi les Pascuans ne portaient-ils que peu de vêtements, parfois réduits à leur plus simple expression. Les hommes et les jeunes gens portaient en guise de cache-sexe une étroite bande de tapa, qu'ils remplaçaient très souvent par une simple touffe d'herbe fixée sur une cordelette de cheveux humains. Les femmes portaient également ce type de ceinture ornée, parfois recouverte d'un rectangle de tapa qu'elles enroulaient autour des hanches comme une jupe.

Le vêtement le plus remarquable était une sorte de cape appelée *kahu* qu'hommes et femmes jetaient sur leurs épaules et qui recouvrait le dos.

Les illustrateurs du début du XIXe siècle interprétaient à leur guise les textes des voyages de découverte. Ainsi, sur cette illustration fantaisiste, seuls deux éléments sont véritablement pascuans : le bâton ua que l'homme appuie sur son épaule, et les oreilles allongées des personnages.

Ces manteaux étaient faits de bandes de tapa cousues ensemble et teintées de jaune ou d'orange. Selon les classes sociales, la dimension de ces vêtements variait : les dignitaires et les rois en portaient qui descendaient jusqu'aux genoux, élégamment colorés et d'une facture très fine.

Chaque geste de la vie quotidienne, la consommation d'un repas, la fabrication d'un outil, le lancement d'un bateau, l'inauguration d'une maison, était accompagné d'une courte prière propitiatoire, d'une action de grâces ou d'un rituel destiné à un dieu particulier : les prières du commun des mortels suffisaient pour les actions banales, mais pour les consécrations nécessitant une forte réserve de mana, on faisait appel au roi et aux prêtres vivant dans l'ombre des divinités.

Hommes et femmes portaient des tatouages indiquant leur statut social. Ceux des femmes étaient plus discrets et les motifs en étaient différents.

Make Make, dieu suprême de l'île de Pâques

Tangaroa, dieu à l'origine de toute chose en Polynésie, n'apparaît que discrètement dans les traditions de l'île de Pâques. La divinité principale y est Make Make qui n'existe nulle part ailleurs en Polynésie. Peut-être s'agit-il du protecteur tutélaire du clan de Hotu Matua, élevé au rang de premier dieu du panthéon pascuan.

Toutefois, Make Make semble tout droit sorti de l'œuf originel de Tangaroa. Les représentations qui le figurent sous forme d'un être humain à tête d'oiseau évoquent le mythe de la création du monde par Tangaroa : pendant des millions d'années Tangaroa resta dans les ténèbres. Préexistant au monde, il s'était créé et nommé lui-même. Sa coquille était comme un œuf qui tournait dans l'espace infini, sans ciel ni terre, sans mer, sans lune, sans soleil et sans étoiles. Lorsqu'il cassa sa coquille, il se débarrassa des plumes qui couvraient son corps ; celles-ci, en tombant sur la terre, donnèrent naissance à la végétation. Le mythe de l'œuf originel occupe une place primordiale dans la mythologie et les rites pascuans.

Make Make est également figuré par deux gros yeux, comme ceux d'un crâne. On lui offrait – ainsi qu'à son compagnon Haua – les prémices des récoltes et des sacrifices humains.

Pierre Loti a exécuté de fidèles reproductions des paysages et des monuments pascuans (à gauche). Mais il dessina aussi des œuvres de pure fiction, comme cette cérémonie devant le même ahu, où il tente de recréer l'atmosphère des anciens cultes.

Femme-Lézard et Femme-Hirondelle enseignèrent l'art du tatouage aux humains

Make Make est le créateur des humains, qu'il fit sortir du sol comme des plantes. En se masturbant dans la terre, il donna naissance aux dieux Tive, Rorai, Hova et à la vieille femme Arangi Kote Kote, lesquels sont à l'origine du panthéon pascuan.

La foule des divinités mineures, les *akuaku*, était considérable. Ils pouvaient s'incarner dans des êtres vivants et se matérialiser sous forme d'objets ou de phénomènes naturels; c'est ainsi que Te Emu était l'Eboulement et Mata vara vara la Pluie à grosses gouttes. Les humains leur doivent certaines techniques : celle du tatouage, de la teinture à base de curcuma, enseignée par deux démons féminins, Femme-Lézard et Femme-Hirondelle, ou encore la fabrication des hameçons en os.

Deux générations après la conversion au christianisme, quatre-vingt-dix dieux étaient encore présents dans la mémoire des Pascuans. En 1935, à la troisième génération, Alfred Métraux n'en recensa plus que trente.

Ces dieux avaient une résidence sur le territoire des différents clans. La plupart d'entre eux étaient probablement les dieux protecteurs des familles, auxquelles ils transmettaient les messages de l'au-delà sous forme de présages. On n'oubliait jamais de leur présenter des offrandes de nourriture chaque fois qu'un four était ouvert.

Le chef Tuu Ko Ihu, ayant surpris les dieux dans leur sommeil, tailla les premières statuettes de bois à leur image

Malgré la rareté des arbres, la sculpture sur bois est d'une grande richesse et d'une étonnante diversité. Son originalité s'exprime surtout dans les statuettes *moai kava kava.* Ces statuettes représentent des êtres décharnés, à la cage thoracique et à la colonne vertébrale saillantes. Ce sont pour la plupart des figurines mâles nettement sexuées, le lobe des oreilles est artificiellement allongé comme le veut la tradition. L'obsidienne noire des pupilles, soulignée par un cerclage blanc d'os ou de coquille, donne à leur regard une intensité inquiétante. Des motifs en forme d'oiseaux ou de monstres anthropomorphes décorent parfois le sommet du crâne. D'après les traditions recueillies dans la seconde moitié du XIXe siècle, ces statuettes représenteraient des divinités secondaires, les dieux lares de chaque famille. Ils figuraient également le cadavre d'un chef ou d'un personnage important passé au rang d'esprit protecteur. Les insulaires étaient fiers de posséder plusieurs de ces petites sculptures. Au cours des fêtes, au moment des récoltes, lorsqu'on offrait le premier fruit, ils s'en paraient en les suspendant à de fines cordelettes et dansaient avec elles. Certains paradaient et virevoltaient ainsi avec leurs dix ou vingt statuettes ! Ces objets étaient soigneusement conservés dans les habitations et lorsqu'ils étaient retirés de leur enveloppe protectrice,

Les statuettes en bois *moai kava kava* (page de gauche) sont presque aussi célèbres que les statues géantes. En revanche, il n'existe au monde que six figurines à ossature de roseau recouverte de tapa peint de dessins polychromes imitant les tatouages. Leur rôle reste inconnu (page de droite).

les Pascuans récitaient des incantations en les berçant comme des enfants. Ces statuettes, souvent taillées dans du bois de toromiro, n'étaient vraisemblablement que les réceptacles temporaires des dieux et des esprits d'ancêtres. Comme ailleurs en Polynésie, elles ne devenaient vraiment sacrées que lorsque l'esprit invoqué investissait la sculpture, après qu'il en eut été prié par des incantations. Des images féminines plates, les *moai papa*, étaient également sculptées dans le bois, ainsi que poissons, tortues, poules, rats et lézards.

En 1869, un vieux morceau de bois révèle l'existence d'une écriture inconnue

Les Pascuans nouvellement convertis remettent en 1869, en signe de respect à Tepano Jaussen, évêque de Tahiti, une longue cordelette tressée avec leurs cheveux, entourant un vieux morceau de bois. Tepano Jaussen, après avoir examiné le présent, soulève la cordelette et s'aperçoit que la planchette est couverte de hiéroglyphes. La première tablette *kohau rongorongo* (canne de chantre) venait d'être découverte.

Déjà, en 1864, Eugène Eyraud avait signalé qu'il se trouvait «dans toutes les cases, des tablettes de bois ou des bâtons couverts de caractères hiéroglyphiques. Ce sont des figures d'animaux inconnus dans l'île, que les indigènes tracent au moyen de pierres tranchantes; chaque figure a un nom».

Les tablettes «kohau rongorongo» n'ont toujours pas livré leur secret

L'ancienneté de cette «écriture» est très discutée. La tradition prétend que c'est Hotu Matua qui aurait créé les premières écoles pour l'enseignement de ces tablettes. Mais, pour certains spécialistes, cette écriture serait une production récente inspirée du traité signé avec les Espagnols.

Les informations anciennes sur les *Kohau rongorongo* sont rares. Très nombreux d'après le frère Eyraud en 1864, il n'en reste actuellement que 25 : 21 tablettes, un bâton, deux ornements pectoraux *rei miro* et une statuette d'homme-oiseau.

Les tablettes sont couvertes, sur les deux faces, de caractères géométriques, anthropomorphes et zoomorphes, disposés en lignes régulières. Ces signes, qui peuvent se combiner entre eux, sont identiques d'une tablette à l'autre. La «lecture» s'effectuait de bas en haut et de gauche à droite. Les signes étant inversés une ligne sur deux, le récitant devait retourner la tablette à la fin de chaque ligne. Cette écriture, appelée «boustrophédon à inversion alternée», est unique au monde. Jusqu'à maintenant les essais de déchiffrement n'ont pas abouti.

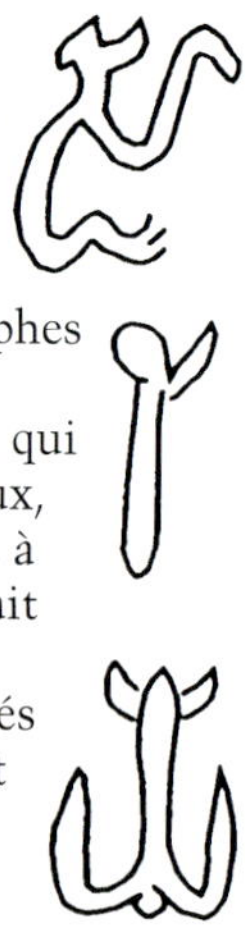

Les glyphes ont la forme d'humains, de vulve, d'oiseaux, de poissons, de mollusques et de plantes, de *rei miro*, de bâton, de croissant de lune, d'étoile, de soleil, ou de figures géométriques. 26 supports de textes totalisent 316 lignes formées de 12 467 signes distincts.

La fréquence des signes, semblable à celle des syllabes de la langue pascuane, le rythme parfois ternaire de leur groupement, la récurrence de séquences complexes sur plusieurs tablettes, tout ceci évoque un système de notation plus proche d'une écriture que d'un procédé mnémotechnique.

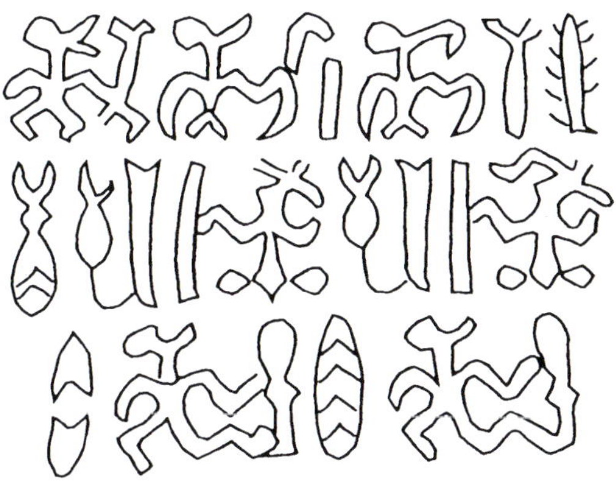

La tablette *Aruku kurenga* (ci-dessus) porte 1 290 glyphes, hauts de 12 mm, gravés à l'aide de dents de requin ou d'éclats d'obsidienne. Le bois choisi est celui du *makoi*, arbre sacré introduit à l'île de Pâques par les Polynésiens.

Chaque année, les disciples des «tangata rongorongo» se réunissaient à Anakena

Oiseaux peints sur la voûte de la grotte d'Ana Kai Tangata.

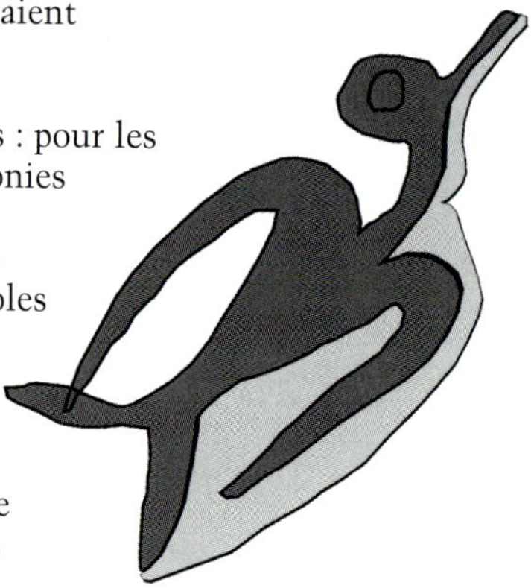

Aux tablettes étaient associés des chants, psalmodiés par des spécialistes, les *tangata rongorongo*, qui avec leurs serviteurs étaient les seuls humains pouvant manipuler ces objets tabous.

Il existait différents types de tablettes : pour les chants de fêtes, de guerre, et les cérémonies funéraires... Les disciples des tangata rongorongo étaient instruits à l'écriture et à la lecture des tablettes dans des écoles particulières. Ces écoles existaient dans tous les districts de l'île, la plus célèbre étant celle d'Anakena.

Une fois par an, le roi y présidait une cérémonie publique au cours de laquelle les tangata rongorongo rivalisaient dans des épreuves de récitation des tablettes

sacrées. Ces experts présentaient alors leurs élèves, et si l'un d'eux hésitait à déchiffrer les glyphes, les tablettes étaient confisquées à leur maître. Cette réunion, très populaire, attirait des spectateurs de tous les districts de l'île.

Lors de cérémonies moins grandioses, à la lune nouvelle et à son dernier quartier, le roi inspectait les tablettes. Les tangata rongorongo se réunissaient aussi une fois l'an à Orongo pour psalmodier les chants sacrés lors de la fête de l'Homme-Oiseau.

Le culte de l'Homme-Oiseau : les héros deviennent des rois

La principale fête religieuse de l'île de Pâques était celle du Tangata Manu (l'Homme-Oiseau) qui se déroulait chaque année au début du printemps austral à Orongo, village de pierres perché à 300 m au-dessus de l'océan, sur la lèvre du cratère Rano Kao.

Le choix de ce site s'explique par sa proximité avec les trois îlots de Motu Nui, Motu Iti et Motu Kao Kao, refuges où Make Make avait conduit les oiseaux de mer. C'est sur le plus grand de ces îlots, Motu Nui, que venaient pondre les hirondelles de mer.

Contrairement aux autres événements du calendrier pascuan, la désignation de l'Homme-Oiseau est relativement bien connue : en effet, entre 1864 et 1867, les missionnaires furent témoins de la fébrilité sociale provoquée par cette fête majeure.

De nombreux pétroglyphes sont dispersés sur l'île. Sur le seul site d'Orongo, on a recensé plus de 500 représentations de l'Homme-Oiseau et du dieu Make Make.

«Ces monstrueux visages»

❝Il y a une heure et demie environ que nous avons repris notre route depuis la halte de Vaïhou, lorsque nous commençons de distinguer, debout au versant de cette montagne, de grands personnages qui projettent sur l'herbe triste des ombres démesurées. Ils sont plantés sans ordre et regardent de notre côté comme pour savoir qui arrive, bien que nous apercevions aussi quelques longs profils à nez pointu tournés vers ailleurs [...]. Ils n'ont pas de corps, ils ne sont que des têtes colossales, sortant de terre au bout de longs cous et se dressant comme pour sonder ces lointains toujours immobiles et vides. De quelle race humaine représentent-ils le type, avec leur nez à pointe relevée et leurs lèvres minces qui s'avancent en une moue de dédain ou de moquerie ? Point d'yeux, rien que des cavités profondes sous le front, sous l'arcade sourcilière qui est vaste et noble – et cependant ils ont l'air de regarder et de penser.❞

Pierre Loti,
l'Île de Pâques.

Hats of Images
Easter Id

«Des coiffes monumentales»

❝La colline se creuse en rond. C'est un petit cratère envahi par l'herbe... quelques turbans parsèment le fond et la route en étage par où on les sortait. A l'extérieur, elle forme un chemin creux en pente. Vingt-trois chapeaux sont là; répartis sur deux cents mètres. Ils sont tous cylindriques, et le creux où se posait la tête de la statue n'est pas encore indiqué. On les façonnait sur place.❞

H. Lavachery,
Île de Pâques

Elle consistait en un véritable concours organisé pour la quête du premier œuf de l'hirondelle de mer sur l'îlot de Motu Nui. Ce rite, intimement lié au culte du dieu Make Make, avait d'importantes implications sociales. Seuls les mata toa (principaux chefs de guerre) pouvaient prétendre au titre d'Homme-Oiseau. Les candidats étaient désignés par les prêtres qui en avaient eu la révélation en songe. Les chefs de guerre pouvaient participer eux-mêmes à l'épreuve ou confier la tâche de découvrir le premier œuf à des serviteurs appelés *hopu*.

« Pour la couleur, les habits et la langue, ils ont une telle ressemblance avec les peuples des îles plus occidentales que personne ne peut douter de leur communauté d'origine... »

James Cook, *Relations de voyages autour du monde.*

Les hommes, le visage peint en rouge et noir, coiffés de plumes et brandissant des rames de danse, prenaient la route d'Orongo

La cérémonie commençait en juillet. Les participants quittaient leur village avec femmes et enfants pour s'installer à Mataveri, à la pointe sud-ouest de l'île, au pied du volcan Rano Kao. Ils y séjournaient le temps de préparer les accessoires et les ornements indispensables aux nombreuses cérémonies et logeaient dans de grandes huttes construites à cet effet. Le nom de Mataveri est aussi associé au souvenir de repas cannibales qui avaient sans doute lieu à cette occasion.

Puis les hommes en tenue de cérémonie quittaient Mataveri et s'engageaient sur le sentier appelé la «route de l'ao» conduisant au village cérémoniel d'Orongo. Ce village, qui comporte une cinquantaine de maisons construites avec des plaques de roche, s'élève sur la crête du Rano Kao, sur l'ultime vestige du versant sud du volcan en partie rongé par l'océan. Il aboutit à un groupe de blocs de basalte sur lesquels sont sculptés d'innombrables hommes-oiseaux...

Pour rejoindre l'îlot de Motu Nui, les serviteurs affrontaient une mer infestée de requins

En août, les dénicheurs quittaient Orongo pour Motu Nui. Cette épreuve nécessitait de réelles capacités physiques et morales, car l'îlot, distant d'environ 2 kilomètres, est d'accès périlleux, et la mer infestée de requins. Les nageurs utilisaient des flotteurs coniques en joncs à l'intérieur desquels ils emportaient des vivres en prévision d'un long séjour. Après leur installation dans les petites grottes de l'îlot, ils étaient ravitaillés, lorsque le temps le permettait, par des parents ou des serviteurs de leur maître. Tandis que les serviteurs guettaient la première ponte de l'hirondelle de mer, de nombreuses cérémonies se déroulaient à Orongo pour se concilier les divinités. On dansait devant les maisons, et des tangata rongorongo récitaient jour et nuit des chants cadencés dans la maison de pierre abritant la statue sacrée de Hoa haka nana ia (l'ami volé) alors que des offrandes abondantes étaient présentées aux dieux Make Make et Haua. Quand arrivait septembre, les serviteurs redoublaient de vigilance. Ils dormaient peu, scrutant le ciel des jours durant, en récitant des prières.

« Qu'ils soient des Polynésiens, ces gens-là, des Maoris, c'est incontestable. Devenus seulement un peu plus pâles que leurs ancêtres, à cause du climat nuageux, ils en ont gardé la belle stature, le beau visage très caractérisé, avec l'ovale un peu long et les grands yeux rapprochés l'un de l'autre. Ils ont conservé aussi plusieurs des coutumes de leurs frères de là-bas, et surtout ils en parlent le langage. »

Pierre Loti, *l'Ile de Pâques.*

Celui qui trouvait sur l'herbe le premier œuf tacheté se précipitait sur le rocher appelé «le cri de l'oiseau» et hurlait le nom du vainqueur en lui enjoignant de se raser la tête. Ce cri était entendu du guetteur posté dans une grotte de la falaise d'Orongo. Le retour au village s'effectuait rapidement et sans danger, le nageur étant censé être protégé par les vertus magiques de l'œuf et par les dieux.

Le hopu, représenté ici avec son flotteur de joncs, était censé n'avoir aucune volonté propre. Il n'était qu'un intermédiaire par lequel Make Make faisait connaître celui qu'il avait choisi pour devenir homme-oiseau.

Considéré comme l'incarnation même du dieu, l'homme-oiseau était un personnage éminemment sacré

Le serviteur remettait l'œuf sacré à son maître, qui s'était rasé la tête, les sourcils et les cils. Le nouvel homme-oiseau – la face couverte de traits rouges et noirs, un oiseau de bois attaché sur le dos – redescendait à Mataveri à la tête d'un tumultueux cortège. Danses et chants se succédaient et des victimes humaines, désignées par les prêtres ou par l'homme-oiseau lui-même, étaient sacrifiées au dieu Make Make. La nervosité s'emparait de la foule et des querelles éclataient jusqu'au départ du nouvel homme-oiseau de l'année, qui se retirait dans

Des centaines de figures de l'Homme-Oiseau sont gravées sur ces blocs de basalte situés à l'extrémité du village d'Orongo, au lieu dit Mata Nga Rau, d'où on aperçoit les îlots de Motu Nui et de Motu Iti. «Ces pétroglyphes sont groupés dans un désordre tel qu'il serait vain de vouloir chercher une conception d'ensemble. Ils sont le produit des efforts isolés de générations de dévots qui, par ce pieux travail, cherchaient soit à s'attirer les faveurs du dieu-oiseau, soit à le remercier de sa protection après la victoire» (Alfred Métraux).

une maison au pied du Rano Raraku, de l'ahu Tonga Riki ou d'autres ahu importants. Il changeait de nom et donnait à la nouvelle année celui qui lui avait été mystérieusement communiqué en rêve par les dieux.

Soumis à des tabous très stricts, il ne pouvait pas s'éloigner de sa retraite, les bains lui étaient interdits, il devait observer la continence et ne manger que des nourritures cuites dans un four spécial par un serviteur particulier; il ne pouvait se couper les cheveux ou les ongles et portait comme signe distinctif une coiffure faite de cheveux humains. Les différentes tribus étaient tenues de l'approvisionner en vivres. L'œuf sacré, censé apporter l'abondance, était vidé, rempli de tapa, puis suspendu dans la maison de l'homme-oiseau.

Comme le roi, l'homme-oiseau devenait un homme-dieu. Durant l'année de son règne, il tirait de sa position de nombreux avantages politiques et économiques. Au bout d'un an, l'œuf magique perdait son pouvoir. Il était alors jeté dans la mer, caché dans une fente de rocher du Rano Raraku, ou bien encore conservé pour être enterré avec l'homme-oiseau. Ce dernier quittait sa retraite et retournait à ses occupations d'autrefois. Il jouissait cependant toute sa vie d'une certaine considération et occupait une place particulière lors des fêtes. Il était enterré en un lieu consacré, avec les autres hommes-oiseaux.

1868

« Nous avons vécu au milieu des statues, nous les avons vues sous le soleil, au clair de lune et par des nuits d'orage. Chaque fois, comme au premier jour, nous avons éprouvé le même saisissement, le même malaise. C'est moins leur taille que la confusion dans laquelle elles se présentent qui oppresse... »

Alfred Métraux

CHAPITRE IV
UN MILLIER DE STATUES GIGANTESQUES

L'archéologue Sergio Rapu, natif de l'île de Pâques, découvre et reconstitue pour la première fois l'œil d'une statue en 1978.

Un piédestal pour les dieux : le ahu

Le terme ahu désigne une construction monumentale, un sanctuaire de plein air érigé en l'honneur des dieux et des ancêtres déifiés. Ces lieux sacrés, protégés par un interdit très strict, étaient des centres politiques et religieux. Chaque ahu appartenait à une famille étendue, ou lignage. Lorsque celle-ci disparaissait, à la suite d'une guerre ou d'une épidémie, le monument était abandonné et ses pierres réutilisées pour d'autres

sanctuaires. L'architecture de ces édifices témoigne de multiples reconstructions, à l'image des nombreuses fluctuations politiques et sociales qui agitèrent l'île au cours de son histoire.

Ces sanctuaires, souvent spectaculaires, sont nombreux sur l'île. En général, ils sont construits sur la côte, parallèlement au rivage, mais certains d'entre eux sont orientés selon des critères astronomiques : ils sont perpendiculaires à la position du soleil à son lever et à son coucher au moment des solstices et des équinoxes.

Cette lithographie illustre le reportage d'Alphonse Pinart à l'île de Pâques en 1878. C'est une représentation fantaisiste d'un ahu ; en réalité, les statues étaient toujours placées sur des socles au sommet de la plate-forme.

Des géants de pierre tournent le dos à la mer

De grandes statues, les moai, façonnées dans les roches tendres du volcan Rano Raraku, se dressent sur la plate-forme du sanctuaire ; leur nombre varie selon l'importance du monument. En général les sanctuaires de taille moyenne

possèdent cinq moai. L'appareillage des murs de soutènement, souvent constitués d'énormes blocs remarquablement ajustés, a suscité l'admiration de Cook : «Le travail n'est pas inférieur à celui des meilleurs ouvrages de maçonnerie simple que nous avons en Angleterre. On n'y emploie aucune sorte de ciment et pourtant les joints sont extrêmement serrés et les pierres sont mortaisées et enserrées les unes dans les autres avec beaucoup de savoir-faire.» Des sépultures sont toujours associées à cette construction. A l'arrière de certains ahu se trouvent de petites structures rectangulaires de pierre ou de petits monticules délimités par des alignements de galets; ces constructions, appelées crématoriums, contiennent des débris calcinés d'os humains. Les moai de l'ahu tournent le dos à la mer et regardent vers les maisons du lignage.

Cette gravure, exécutée d'après un dessin de William Hodges, peintre de James Cook (1774), est une composition préromantique qui associe un squelette aux monuments pascuans en cours de dégradation : moai intact, cassé, ou renversé sur sa plate-forme.

Vision des statues au XVIIIe siècle

« Ces statues sont en général tout au bord des falaises et font face à la mer, de telle sorte que de ce côté elles peuvent avoir dix à douze pieds de haut, ou plus, et de l'autre n'en avoir que trois ou quatre. En façade, elles sont construites avec de très grandes pierres de taille. »
Ainsi Cook décrit-il les sanctuaires pascuans. Ces derniers sont comparables aux *marae* des îles de la Société, aux *tohua* des îles Marquises et aux *heiau* des îles Hawaï.

« Ces mornes figures, ces groupes figés au soleil, vite, vite, il me faut, puisque je l'ai promis, les esquisser sur mon album, tandis que mes compagnons s'endorment dans l'herbe. Et ma hâte, ma hâte fiévreuse à noter tous ces aspects,— malgré la fatigue et le sommeil impérieux contre lesquels je me défends — ma hâte est pour rendre plus particuliers et plus étranges encore les souvenirs que cette vision m'aura laissés... »

Pierre Loti
l'Ile de Pâques.

Ils dominent une vaste esplanade servant de place de réunion lors des cérémonies communautaires, sociales et religieuses. Face à l'ahu, se dressent également plusieurs maisons, réservées aux chefs, aux prêtres et aux autres dignitaires. Les ahu moai sont incontestablement les plus impressionnants et les plus élaborés de ces sanctuaires, véritables chefs-d'œuvre d'architecture mégalithique.

Pyramides ou bateaux : des sanctuaires aux formes étranges

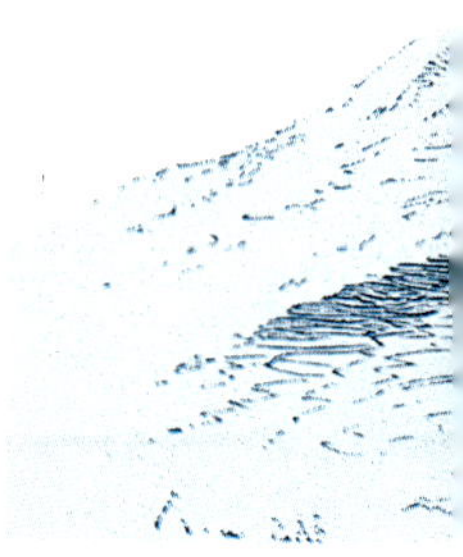

Il existe des ahu de forme semi-pyramidale. Plus petits et beaucoup moins élaborés que les ahu moai, ils ressemblent à une pyramide basse au sommet aplati. Des chambres funéraires et des cistes y sont également aménagées; parfois les morts sont placés dans la masse des pierres ou dans des trous irréguliers spécialement agencés. Certains sont surmontés de pierres dressées ou de fragments de vieilles statues. La plupart de ces monuments sont construits au voisinage des ruines d'un ahu moai, avec des matériaux pris à ces derniers. Il est difficile d'affirmer que tous les ahu semi-pyramidaux sont d'origine récente, postérieurs à l'édification des ahu moai. Ils pourraient tout aussi bien être le prototype des grands ahu.

Les *ahu poepoe* doivent leur nom à leur forme semblable à celle d'une embarcation, leurs extrémités allongées et relevées rappelant la poupe et la proue d'un navire. Près de Mahatua, on peut voir un ahu poepoe de 60 mètres de long. Ces ahu sont en général construits avec des pierres sélectionnées, bien ajustées mais non taillées.

Certaines statues des flancs du Rano Raraku devaient être transportées sur les nombreux ahu de l'île; d'autres, installées sur des plates-formes pavées, veillaient sur l'immense atelier de sculpture. Elles sont actuellement enfouies dans la pente sur plus de la moitié de leur hauteur.

Dieux ou ancêtres : qui sont les moai ?

Roggeveen fut le premier à exprimer sa surprise à la vue de ces sculptures géantes. Sur cc minuscule îlot, perdu au milieu de l'océan, des centaines de statues gisent, éparses, au pied de sanctuaires abandonnés, d'autres sont encore prisonnières des carrières du volcan... Plusieurs interprétations ont été proposées sur leur signification. Selon la plus vraisemblable, les moai représenteraient des ancêtres, des chefs ou d'autres personnalités de haut rang, considérés comme des personnages importants de l'histoire pascuane ; cette théorie s'appuie en partie sur les observations de Cook qui remarqua que les statues portaient des noms «précédés quelquefois du mot "moai" signifiant lieu de sépulture ou de sommeil et du mot "ariki" signifiant chef». Celles du Rano Raraku et des ahu portent des noms qui pourraient être ceux de sculpteurs ou d'ancêtres divinisés. Certains dérivent de signes distinctifs : le «tatoué» porte des tatouages,

Au centre, tête de moai rapportée par l'amiral F. T. de Lapelin et exposée dans le hall du musée de l'Homme à Paris.

«cou tordu» incline la tête, le «puant» semble incommodé par une mauvaise odeur. D'autres noms se rapportent à l'endroit où se dressent les moai et même aux oiseaux qui fréquentent leurs parages.

Comme en Polynésie centrale, le caractère sacré de ces statues anthropomorphes était provisoire et dépendait de rites qui en faisaient des divinités.

«La carrière s'étend sur le versant sud-ouest et à l'intérieur du cratère, là où le tuf est le plus facilement accessible. [...] Derrière les essaims de statues dressées sur la pente herbeuse du volcan, se tient l'armée de celles qui vont naître.»

Alfred Métraux, *L'Île de Pâques*

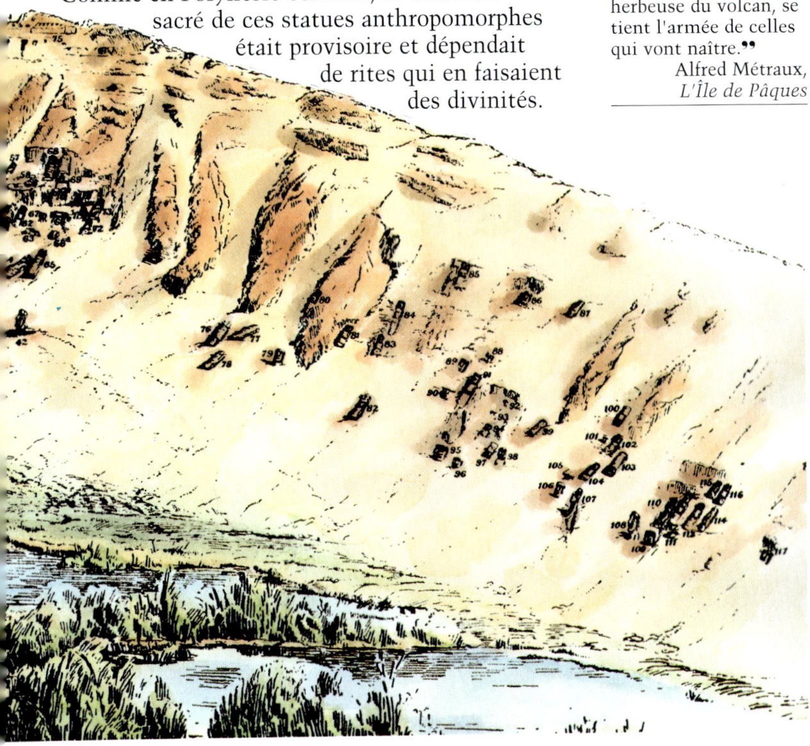

Des colosses au corps massif et à la tête démesurément allongée

Les moai des ahu sont d'une imposante majesté. Leur hauteur varie en général de 3,50 à 5,50 mètres. La plus impressionnante de ces statues se trouve sur l'ahu Te Pito Te Kura sur la côte nord; elle mesure 10 mètres de haut et son poids est estimé à 82 tonnes. Alfred Métraux compare ces colosses dépourvus de membres inférieurs à de «monstrueux culs-de-jatte».

La statuaire monumentale a évolué au cours du temps vers le gigantisme, la simplification et la standardisation des formes. Les premiers moai en tuf du Rano Raraku datent du XIIe siècle, les plus nombreux des XIVe-XVe siècles et les derniers du XVIIe.

Les moai les plus anciens, enfouis dans la maçonnerie des ahu, sont trapus et présentent une tête quadrangulaire. Il y avait aussi une statuaire de pierre moins stéréotypée, souvent plus petite; de styles variés elle employait des basaltes denses et des tufs rouges.

“Ce cratère de Rano-Kau est encore une curiosité de ce pays où il y en a tant. C'est un immense Colisée, d'une régularité parfaite, dans lequel des armées entières pourraient aisément manœuvrer.”

Pierre Loti, *L'île de Pâques*

Sur cet îlot de 165 km², 900 moai gisent près des ahu et dans la carrière du Rano Raraku; ici les statues sont encore dans leur alvéole d'extraction.

Les carrières de moai ont frappé l'imagination de tous ceux qui les ont contemplées

Les carrières des géants de pierre sont sans aucun doute l'un des lieux les plus impressionnants de l'île. Près de la péninsule de Poike, les carrières à ciel ouvert sont creusées dans les flancs du volcan Rano Raraku, culminant à 150 mètres environ. Ce volcan a été choisi pour la qualité de ses roches mais sans doute aussi parce qu'il était sacré. Les carrières sont creusées en général là où le tuf est d'accès facile. Dans les carrières, près de 400 statues ont été recensées, mais les sédiments de pentes

en ont enfoui un grand nombre au pied du volcan. Elles ont été abandonnées à différents stades de fabrication : certaines sont à peine ébauchées, d'autres, finement travaillées, sont prêtes à être transportées. Leur taille moyenne varie de 5 à 7 mètres. La plus impressionnante occupe toute l'étendue d'une arête de la montagne sur une vingtaine de mètres de long. Elle aurait pesé entre 130 et 150 tonnes. Située dans un endroit quasiment inaccessible, rien n'a été tenté pour dégager ce géant de la paroi rocheuse. Sans doute n'est-il qu'un de ces gigantesques pétroglyphes destinés à demeurer tels quels, à l'image des «gisants de cathédrale».

La statue Tukuturi, au pied du Rano Raraku, est de style polynésien.

Les colosses dorment à tout jamais, oubliés par le temps et les hommes

A l'intérieur du cratère, de multiples cavités témoignent du travail acharné des sculpteurs. La paroi n'y est attaquée qu'aux endroits où la qualité de la roche est excellente.

L'impression qui émane de ce site insolite est celle d'une pause marquée dans l'élaboration de ces énormes mégalithes, comme si les sculpteurs venaient de cesser le travail, laissant leurs outils à pied d'œuvre. Des centaines de statues sont en cours de fabrication. Certaines cryptes vides portent l'empreinte du géant qui naquit du volcan, d'autres sont occupées par des statues brisées ou par des colosses parfaitement travaillés.

Les centaines de moai, en cours d'élaboration dans ces immenses ateliers, permettent de reconstituer les différentes phases de fabrication.

Les sculpteurs travaillaient à l'étroit autour du bloc, dans des rigoles de 0,50 à 0,60 mètre de largeur et 1,50 mètre de profondeur. Ils commençaient à sculpter la tête, puis le corps et enfin les flancs. Le polissage et les détails de finition étaient effectués avant que la statue ne

Relativement tendre, le bloc de scories était attaqué avec des pics en pierre; plusieurs moai sont encore fixés à leur alvéole par une mince «quille» de roche.

soit définitivement détachée. Cette dernière opération était délicate et provoquait souvent des fractures irrémédiables : la sculpture était sapée jusqu'à ce qu'elle ne repose plus que sur une sorte de «quille» mince, percée ensuite de trous. Ces cavités étaient enfin agrandies et la quille remplacée progressivement par des cales de pierre. Plusieurs statues reposent aujourd'hui sur des lits de petits galets qui auraient pu faciliter leur transport. Cet agencement pouvait aussi permettre la pose de rondins ou d'un autre dispositif permettant leur déplacement à l'extérieur de la niche d'extraction. Les statues étaient enfin acheminées jusqu'au pied du volcan où on les redressait temporairement en les faisant glisser dans un trou ou sur une terrasse aménagée dans la pente. Là, le sculpteur achevait le dos du moai.

Tuu Ko Ihu ordonnait aux statues de marcher jusqu'au sanctuaire

Après leur finition au pied du Rano Raraku, les géants de pierre étaient transportés jusqu'à des ahu distants parfois de plus de 20 kilomètres. La manière dont furent déplacées les 288 statues qui se dressent sur les sanctuaires demeure aujourd'hui encore incertaine. La tradition orale n'apporte aucun élément technique satisfaisant. Les Pascuans invoquent un chef mythique, Tuu Ko Ihu, le dieu Make Make ou encore les prêtres spécialistes qui ordonnaient aux statues de «marcher» et de se placer sur leur ahu

❝ Et qui dira l'âge de ces dieux ?... Tout rongés de lichens, ils paraissent avoir la patine des siècles qui ne comptent plus... Il y en a aussi de tombés et de brisés. D'autres, que le temps, l'exhaussement du sol ont enfouis jusqu'aux narines, semblent renifler la terre.❞

Pierre Loti,
l'Ile de Pâques.

respectif. Le manque d'information sur ce sujet a déchaîné les imaginations, d'autant que le poids des statues a toujours été surévalué. Il a été question de 300, 400 voire 500 tonnes. En vérité le tuf est un matériau relativement léger : une statue de 5 mètres pèse 16 tonnes au maximum.

Il est vrai cependant que le transport de ces colosses, dont le plus pesant avoisine les 80 tonnes, relève d'un véritable exploit... encore que la difficulté semble résider moins dans leur mise en mouvement que dans le fait de les bouger sans les briser. A l'île de Pâques, le problème était d'imaginer un système de levage nécessitant un

Le ahu Akivi, l'un des plus grands de l'île, est construit à l'intérieur des terres, à 2 km de la côte ouest. La plate-forme, prolongée par deux ailes latérales, mesure 80 m de longueur. On accède à l'ahu par une rampe pavée

minimum de bois puisque les premiers visiteurs européens n'avaient trouvé que de maigres bouquets d'arbres. En réalité les Pascuans n'ont pas toujours manqué de bois d'œuvre. Des recherches récentes ont prouvé que, jadis, l'île était boisée. De nombreuses essences ligneuses y poussaient, parmi lesquelles le *Sophora toromiro* et un grand palmier à sucre, le *Paschalococos disperta*; leur bois convenait parfaitement pour la confection de leviers, de traîneaux ou de rouleaux. L'écorce d'un autre ligneux, le *Triumfetta*, était particulièrement précieuse pour la fabrication de solides cordages.

Les statues scrutaient le ciel de leurs yeux de corail

Arrivé au pied de l'ahu, on s'occupait des dernières finitions puis le moai était redressé et placé sur son socle.

Certains moai, comme ceux de l'ahu ko te Riku, portent sur la tête un énorme cylindre de tuf volcanique rouge. Ce «chapeau», *pukao*, surplombe les yeux à la manière d'une visière. Ce couvre-chef, qui se termine par un bouton conique, a été interprété de diverses façons : panier, couronne, chapeau, turban, diadème de fleurs... Pour Métraux, il s'agirait d'une coiffure, sorte de chignon porté par les hauts dignitaires à l'arrivée des Européens. Enfin il est probable que de nombreux moai étaient peints une fois installés sur le ahu. Les statues du ahu Vinapu portent encore des traces de coloration rouge; la sculpture d'Orongo, qui est au British Museum, était également peinte en rouge et blanc. Les statues prenaient réellement vie lorsqu'on leur donnait un regard : deux orbites étaient creusées pour recevoir une sclérotique taillée dans du corail blanc apporté par la mer.

En 1866, en dehors du Rano Raraku, deux statues se dressaient encore sur l'île de Pâques. Toutes les autres étaient tombées ou avaient été renversées. La gravure ci-dessus est une œuvre de fiction.

En 1838, l'amiral Dupetit-Thouars sera le dernier Européen à voir les statues debout

En 1864, quand les missionnaires s'installèrent à l'île de Pâques, il n'existait plus de statue en place sur les sanctuaires. Cook, Forster et La Pérouse furent frappés par les nombreux moai qui gisaient sur le sol. La tradition pascuane attribue le renversement des statues aux guerres qui ravagèrent l'île à la fin du XVIIIe ou au début du XIXe siècle. Comme ailleurs en Polynésie, les vainqueurs humiliaient les vaincus en ravageant leurs sanctuaires sociaux et ancestraux.

«[...] tout était bouleversé, les statues brisées, chavirées, et on ne savait pas encore laquelle aurait l'honneur de se voir couper la tête, pour aller figurer au Louvre [...].»

Pierre Loti, *L'Île de Pâques*

TÉMOIGNAGES ET DOCUMENTS

Navigateurs et missionnaires,
archéologues et ethnologues,
écrivains et touristes,
que cherche l'Occident
sur l'île la plus isolée
du Grand Océan ?

Regards des voyageurs

Rares sont les navigateurs européens qui se sont hasardés dans les eaux de l'île de Pâques, île parmi les plus isolées du monde. Mais cette terre mystérieuse et désolée, avec ses étranges statues de pierre, marqua ceux qui la visitèrent. Ils nous laissèrent des récits vivants et détaillés.

Durant la traversée qui le conduit des îles Gambier à Tahiti, Dumont d'Urville – grand marin et géographe français de la première moitié du XIXe siècle – se remémore l'histoire de la découverte de l'île de Pâques par Roggeveen.

L'île Waïhou a une toute autre importance. Connue des Anglais et des Américains sous le nom de Eastern Island, des Français sous le nom d'île de Pâques, elle fut découverte le 6 avril 1722 par la division hollandaise aux ordres de l'amiral Roggeveen qui la nomma, en l'honneur de la solennité du jour, Paassen, en anglais Easter, en français Pâques. A peine en vue, l'escadre vit arriver vers elle une pirogue que guidait un Naturel, homme de haute taille, d'un caractère jovial, d'une physionomie heureuse. Il monta à bord où on l'accueillit fort bien ; on lui fit quelques petits cadeaux qu'il suspendit à son cou ; on lui donna à manger, et il mangea de bon appétit ; on lui servit du vin, mais, au lieu de le boire, il se le jeta dans les yeux. En un mot, il fut fort plaisant et fort drôle, grimacier comme un singe, gesticulateur, pasquin, copiant tout ce qu'il voyait. Quand le soir vint, on eut beaucoup de peine à le faire redescendre dans sa pirogue, et en voguant vers la terre, il criait de toute la force de ses poumons : odorraga ! odorraga !

Le lendemain, la division mouilla devant l'île. Sur la plage, semée d'idoles plantées dans la terre, circulait une foule curieuse et étonnée. On ouvrit les communications avec une réserve, une défiance que la suite justifia. Le soir même, on ne peut préciser pour quel motif, un coup de fusil fut tiré et un Naturel tomba, mort. La guerre fut alors déclarée. Roggeveen descendit lui-même à la tête de cent cinquante hommes, tant soldats que marins et fit feu sur la multitude qui se présentait pour repousser la descente. Au nombre des victimes, tomba, dans la première décharge, le pauvre diable, le bouffon qui, la veille, avait tant diverti l'équipage. La leçon était rude. Elle suffit. Pour fléchir les terribles visiteurs, les Naturels mirent tout à leurs pieds, armes, présents, provisions de plusieurs sortes, tout jusqu'aux femmes qu'ils voulaient donner aux Hollandais pour qu'ils les emmenassent à bord.

Dès ce jour, la concorde régna. Les Hollandais visitèrent l'île. La terre y était bien cultivée ; les champs y étaient clos et distincts, et chaque famille occupait un hameau. Les cases avaient quarante à soixante pieds de long sur huit ou dix de large ; elles étaient construites en pieux fichés en terre avec un torchis en argile ou limon et recouvertes en chaume. Les Naturels, dit la relation, apprêtaient leurs aliments dans des pots de terre, ce qui n'est guère probable. Les cochons leur paraissaient naturalisés dans l'île.

Vifs, alertes, vigoureux, ces insulaires avaient l'air doux, soumis, agréable, modeste, presque timide. Leur peau avait la couleur de celle des Espagnols : quelques-uns étaient presques blancs. Leurs corps étaient couverts de dessins d'animaux et d'oiseaux divers. Quant aux femmes, accortes et assez jolies, elles se montraient fort bien portées pour les Européens. Les idoles étaient l'objet d'une grande vénération, parmi la foule et, assidus près d'elles, se tenaient des Naturels, des prêtres, à ce que crut Roggeveen que distinguaient leurs grosses boucles d'oreilles, leurs têtes rasées et leurs bonnets de plumes blanches et noires. Ces statues colossales, taillées dans la pierre, affectaient la configuration humaine. Autour de chaque idole, régnait une aire pavée en pierres blanches.

Inquiétée par un vent d'ouest, l'escadre hollandaise remit à la voile et il ne fut plus alors question de Waïhou jusqu'au temps de Cook qui y passa huit jours au mois de mars 1774.

Jules Dumont d'Urville,
Voyage pittoresque autour du monde

Mouillage des navires de James Cook à Moorea (Iles de la Société).

A travers le récit du voyage de Jean-François de Galaup, comte de La Pérouse, transparaît une philosophie humaniste, l'optimisme rationaliste et la foi dans le progrès du siècle des lumières.

Le 4 avril, je n'étais plus qu'à soixante lieues de l'île de Pâques ; je ne voyais point d'oiseaux ; les vents étaient au nord-nord-ouest : il est vraisemblable que si je n'eusse connu avec certitude la position de cette île, j'aurais cru l'avoir dépassée et j'aurais reviré de bord. J'ai fait ces réflexions sur les lieux et je suis contraint d'avouer que les découvertes des îles ne sont dues qu'au hasard, et que très souvent des combinaisons fort sages en apparence en ont écarté les navigateurs. (...)

Au jour, je fis route pour la baie de Cook : c'est celle de l'île qui est le plus à l'abri des vents du nord au sud, par l'est ; elle n'est ouverte qu'aux vents d'ouest ; et le temps était si beau que j'avais l'espoir qu'ils ne souffleraient pas de plusieurs jours. A onze heures du matin, je n'étais plus qu'à une lieue du mouillage : l'*Astrolabe* avait déjà laissé tomber son ancre ; je mouillai très près de cette frégate ; mais le fond était si rapide que les ancres de nos deux bâtiments ne prirent point ; nous fûmes obligés de les relever et de courir deux bords pour regagner le mouillage.

Cette contrariété ne ralentit pas l'ardeur des Indiens ; ils nous suivirent à la nage jusqu'à une lieue au large ; ils montèrent à bord avec un air riant et une sécurité qui me donnèrent la meilleure opinion de leur caractère. Des hommes plus soupçonneux eussent craint, lorsque nous remîmes à la voile, de se voir enlever et arracher à leur terre natale ; mais l'idée d'une perfidie ne parut pas même se présenter à leur esprit : ils étaient au milieu de nous, nus et sans aucune arme ; une simple ficelle autour des reins servait à fixer un paquet d'herbes qui cachait leurs parties naturelles. (...)

A la pointe du jour, je fis tout disposer pour notre descente à terre. Je devais me flatter d'y trouver des amis, puisque j'avais comblé de présents tous ceux qui étaient venus à bord la veille ; mais j'avais trop médité les relations des différents voyageurs pour ne pas savoir que ces Indiens sont de grands enfants dont la vue de nos différents meubles excite si fort les désirs qu'ils mettent tout en usage pour s'en emparer. Je crus donc qu'il fallait les retenir par la crainte et j'ordonnai qu'on mît à cette descente un petit appareil guerrier ; nous la fîmes en effet avec quatre canots et douze soldats armés. M. de Langle et moi étions suivis de tous les passagers et officiers, a l'exception de ceux qui étaient nécessaires à bord des deux frégates pour le service ; nous composions, en y comprenant l'équipage de nos bâtiments à rames, environ soixante-dix personnes.

Quatre ou cinq cents Indiens nous attendaient sur le rivage ; ils étaient sans armes, quelques-uns couverts de pièces d'étoffe blanches ou jaunes ; mais le plus grand nombre était nu : plusieurs étaient tatoués et avaient le visage peint d'une couleur rouge ; leurs cris et leur physionomie exprimaient la joie ; ils s'avancèrent pour nous donner la main et faciliter notre descente. (...)

Comme l'homme est de tous les êtres celui qui s'habitue le plus à toutes les situations, ce peuple m'a paru moins malheureux qu'au capitaine Cook et à M. Forster. Ceux-ci arrivèrent dans cette île après un voyage long et pénible, manquant de tout, malades du scorbut ; ils n'y trouvèrent ni eau, ni bois, ni cochons : quelques poules, des bananes et des patates sont de bien faibles ressources dans ces circonstances. Leurs relations portent l'empreinte de cette situation. La nôtre était infiniment meilleure : les équipages jouissaient de la plus parfaite santé ; nous avions pris au Chili ce qui nous était nécessaire pour plusieurs mois et nous ne désirions de ce peuple que la faculté de lui faire du bien ; nous lui apportions des chèvres, des brebis, des cochons ; nous avions des graines d'oranger, de citronnier, de coton, de maïs, et généralement toutes les espèces qui pouvaient réussir dans son île. (...)

De l'édification des statues

Mais nous sommes certains que c'est une pierre volcanique, fort légère, et qu'avec des leviers de cinq ou six toises, et glissant des pierres dessous, on peut, comme l'explique très bien le capitaine Cook, parvenir à élever un poids encore plus considérable, et cent hommes suffisent pour cette opération : il n'y aurait pas d'espace pour le travail d'un plus grand nombre. Ainsi le merveilleux disparaît ; on rend à la nature sa pierre de lapillo, qui n'est point factice ; et on a lieu de croire que s'il n'y a plus de nouveaux monuments dans l'île, c'est que toutes les conditions y sont égales et qu'on est peu jaloux d'être roi d'un peuple qui est presque nu, qui vit de patates et d'ignames ; et, réciproquement, ces Indiens ne pouvant être en guerre, puisqu'ils n'ont pas de voisins, n'ont pas besoin d'un chef qui ait une autorité un peu étendue. (...)

Des mœurs des Pascuans

Il est certain que ces peuples n'ont pas sur le vol les mêmes idées que nous ; ils n'y attachent vraisemblablement aucune honte ; mais ils savent très bien qu'ils commettent une action injuste, puisqu'ils prenaient la fuite à l'instant pour éviter le châtiment qu'ils craignaient sans doute et que nous n'aurions pas manqué de leur infliger, en le proportionnant au délit, si nous eussions eu quelque séjour à faire dans cette île ; car notre extrême douceur aurait fini par avoir des suites fâcheuses.

Il n'y a personne qui, ayant lu les relations des derniers voyageurs, puisse prendre les Indiens de la mer du Sud pour des sauvages ; ils ont au contraire fait de très grands progrès dans la civilisation, et je les crois aussi corrompus qu'ils peuvent l'être relativement aux circonstances où ils se trouvent : mon opinion là-dessus n'est pas fondée sur les différents vols qu'ils ont commis, mais sur la manière dont ils s'y prenaient. Les plus effrontés coquins de l'Europe sont moins hypocrites que ces insulaires ; toutes leurs caresses étaient feintes ; leur physionomie n'exprimait pas un seul sentiment vrai : celui dont il fallait le plus se défier était l'Indien auquel on venait de faire un présent, et qui paraissait le plus empressé à rendre mille petits services.

Ils faisaient violence à de jeunes filles de treize à quatorze ans pour les entraîner auprès de nous, dans l'espoir d'en recevoir le salaire : la répugnance de ces jeunes Indiennes étaient une preuve qu'on violait à leur égard la loi du pays. Aucun Français n'a usé du droit barbare qu'on lui donnait ; et s'il y a eu quelques moments donnés à la nature, le désir et le consentement étaient réciproques, et les femmes en ont fait les premiers frais.

Le soin qu'ils ont pris de mesurer mon vaisseau m'a prouvé qu'ils n'avaient pas vu nos arts comme des êtres stupides ; ils ont examiné nos câbles, nos ancres, notre boussole, notre roue de gouvernail ; et ils sont venus le lendemain avec une ficelle pour en reprendre la mesure ce qui m'a fait croire qu'ils avaient eu quelques discussions à terre à ce sujet et qu'il leur était resté quelques doutes. Je les estime beaucoup moins, parce qu'ils m'ont paru capables de réflexions. Je leur en ai laissé une à faire, et peut-être elle leur échappera ; c'est que nous n'ayons fait contre eux aucun usage de nos forces, qu'ils n'ont pas méconnues, puisque le seul geste d'un fusil en joue les faisait fuir. Nous n'avons, au contraire, abordé dans leur île que pour leur faire du bien ; nous les avons comblés de présents ; nous avons accablé de caresses tous les êtres faibles, particulièrement les enfants à la mamelle ; nous avons semé dans leurs champs toutes sortes de graines utiles ; nous avons laissé dans leurs habitations des cochons, des chèvres et des brebis qui y multiplieront vraisemblablement ; nous ne leur avons rien demandé en échange ; néanmoins, ils nous ont jeté des pierres et ils nous

Rencontre de deux civilisations : navire et pirogues.

ont volé tout ce qu'il leur a été possible d'enlever. Il eût, encore une fois, été imprudent dans d'autres circonstances de nous conduire avec autant de douceur; mais j'étais décidé à partir dans la nuit et je me flattais qu'au jour, lorsqu'ils n'apercevraient plus nos vaisseaux, ils attribueraient notre prompt départ au juste mécontentement que nous devions avoir de leurs procédés, et que cette réflexion pourrait les rendre meilleurs : quoi qu'il en soit de cette idée peut-être chimérique, les navigateurs y ont un très petit intérêt, cette île n'offrant presque aucune ressource aux vaisseaux en étant peu éloignée des îles de la Société.

Jean-François de La Pérouse,
*Voyage autour du monde sur l'«*Astrolabe*» et la «*Boussole*»*

Né en 1793, l'amiral français Abel Dupetit-Thouars s'arrête à l'île de Pâques en 1838 avant d'établir en 1842 le protectorat français sur Tahiti.

Nous avions à peine quitté la pointe est de l'île que nous rencontrâmes devant la baie espagnole cinq pirogues qui se dirigeaient vers nous; elles étaient toutes montées par deux hommes, dans trois de ces pirogues il y avait de plus une femme; elle se tenait tout à fait sur l'avant, accroupie ou couchée sur le ventre pour faire moins d'obstacle à la marche ou, peut-être aussi, pour donner plus de stabilité à la pirogue.

La frégate s'étant arrêtée pour faire des observations, ces indigènes montèrent à bord sans hésiter; ils paraissaient habitués à de semblables visites; ils dansèrent et firent mille singeries qui nous amusèrent beaucoup; ils étaient très gais et d'une mobilité d'actions et de pensées très extraordinaire. Cependant si, depuis, je n'avais eu de fortes raisons de croire à leur bravoure, j'aurais pu penser qu'intimidés par un nombreux équipage, qu'ils ne s'attendaient pas sans doute à rencontrer, ils cherchaient à s'étourdir sur leur position. Toutefois, s'ils éprouvèrent de la crainte, elle fut habilement dissimulée et plus promptement encore dissipée; ils firent bonne contenance. Les hommes demandèrent par signe à être rasés, ce qui leur fut accordé. L'un d'eux ayant ensuite reçu en présent une casquette et un col, s'en revêtit aussitôt et se promena fièrement sur le pont, en s'admirant comme s'il eût été richement habillé. Tous les Naturels répétaient fréquemment et avec vivacité le mot *miro*, qu'ils s'impatientaient de ne point voir compris; ce mot est le nom du bois avec lequel les Polynésiens font leur pirogue. Cet objet était ce qu'ils désiraient le plus vivement, et ils employèrent plusieurs moyens pour se faire comprendre; ils ne voulurent ni manger ni boire; ils parurent faire peu de cas des couteaux et des ciseaux; des hameçons leur faisaient grand plaisir ainsi que les miroirs et les mouchoirs de couleur.

L'équipage étant occupé à ramasser son linge qui avait été blanchi, un de ces sauvages se montra un très adroit filou ; il s'assit, comme sans le savoir, sur une cravate rouge qu'il cacha avec beaucoup d'adresse dans un petit sac en natte dont il était pourvu, et lorsqu'on la lui fit rendre, il ne montra ni mauvaise humeur, ni surprise d'être découvert, et recommença aussitôt le même manège, espérant cette fois être plus heureux.

Pendant un instant les pirogues n'ayant pu suivre la frégate, qui avait pris de l'aire, étaient restées de l'arrière à quelque distance ; dès qu'une des femmes s'en aperçut, elle se mit à pleurer tout haut et à faire des lamentations pitoyables, comme le font les enfants : elle fut aussitot imitée par quelques-uns des autres sauvages, mais tous se rassurèrent promptement en voyant de nouveau la frégate s'arrêter. (Cette appréhension des sauvages en se croyant enlevés, n'était pas sans cause : plusieurs des navires baleiniers manquant d'hommes en ont pris sur diverses îles de la Polynésie et ne les ont pas toujours reconduits chez eux, à la fin de leur pêche). Lorsque nos observations furent terminées, il fallut partir ; tous, hommes et femmes, se jetèrent à l'eau et regagnèrent leurs pirogues à la nage. (...)

Les hommes étaient tatoués, les femmes l'étaient également autour de la bouche, sur le front, auprès de la racine des cheveux et sur le devant des cuisses, ce qui leur donnait l'air d'avoir un tablier bleu. Ce qu'il y avait de plus frappant dans la tenue de ces femmes, c'était leur apparence de modestie : elles ne rougissaient pas, sans doute, de leur nudité, mais il y avait dans leur pose une sorte d'embarras bien visible qui était certainement un effet naturel de la pudeur : elles avaient une espèce de honte de paraître ainsi devant nous et semblaient nous demander grâce pour leur négligé. Cet embarras qu'elles montraient à se trouver nues, est sûrement aussi la preuve d'un progrès et en quelque sorte un pas de fait vers la civilisation ; car il est bien connu que les sauvages qui virent pour la première fois des hommes vêtus ne songèrent point à établir de parallèle à leur désavantage, ils les regardèrent seulement avec l'amusante curiosité que nous éprouvons à voir des chiens et des singes habillés et quelques-uns mêmes poussèrent la curiosité jusqu'à s'assurer si les vêtements ne tenaient pas à la peau, comme les plumes tiennent aux oiseaux. Ayant engagé notre société à danser, elle ne se fit pas prier pour le faire et elle exécuta devant nous un menuet à cloche-pied fort divertissant. Cette danse, comme celle de tous les peuples sauvages, représentait le drame le plus important de la vie.

Après cette première visite, nous faisions route vers l'ouest avec une grande vitesse lorsque nous entendîmes des cris qui venaient du large ; bientôt nous aperçumes deux hommes qui nageaient vers nous en poussant ces cris qui s'entendaient de très loin ; chacun d'eux semblaient être placé sur un morceau de pirogue brisée, dont l'avant seul aurait paru ; j'envoyai un canot pour les prendre : je craignais, à cause de la grande distance où ils étaient de la terre, qu'ils ne devinssent victimes de la curiosité que nous avions excitée ; car je supposais, en effet, que leur pirogue s'était brisée. Mais nous fûmes bien surpris de reconnaître que ces indigènes se promenaient à cheval chacun sur un rouleau de joncs, de la forme d'une gerbe de blé ; ils nous

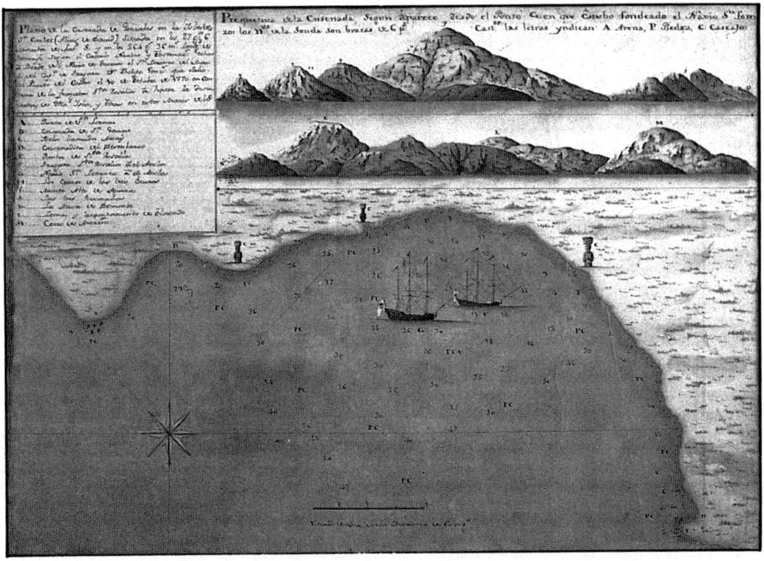

apportaient, pour s'assurer une réception plus favorable, des bananes, des patates et des ignames, enfermées dans leurs roseaux. Ils nous engagèrent à aller à terre où nous trouverions beaucoup de femmes et des provisions ; ils employèrent pour se faire comprendre une pantomime très significative qui ne laissait pas d'équivoque. Ils nous donnèrent encore lieu de remarquer avec quelle facilité ils retiennent et prononcent les mots qu'ils entendent ; mais, ainsi que nos premiers visiteurs, leurs idées n'étaient jamais arrêtées une seconde sur un même objet, excepté, toutefois, sur le bois qu'ils demandaient tous avec un égal empressement et la même instance.

Nous eûmes bien de la peine à nous débarrasser de nos nouveaux visiteurs ; ils se riaient de nos menaces et ne voulaient plus nous quitter ; ils s'y décidèrent cependant lorsque j'ordonnai de jeter leurs paquets de joncs à la mer, ils s'élancèrent aussitôt après et retournèrent vers l'île. (...)

L'île de Pâques est rarement visitée : elle n'est sur la route d'aucun bâtiment. En venant du Mexique, ce n'est que rarement que les vents contrarient assez longtemps pour obliger à faire route à l'ouest jusque vers son méridien, et aucun intérêt ne peut y attirer les baleiniers ou autres bâtiments qui parcourent l'Océan Pacifique, puisqu'il ne s'y trouve ni eau, ni bois, et que les provisions très rares qu'elle produit, indépendamment de la difficulté que l'on éprouverait sans doute à se les procurer, même en faible quantité, conviennent peu comme approvisionnements de la mer.

Abel Dupetit-Thouars
Voyage autour du monde sur la frégate « Vénus »

L'île de Loti

Le 3 janvier 1872, la frégate la « Flore » mouille à l'île de Pâques, avec à son bord Julien Viaud, alias Pierre Loti. « Sur mes cahiers de petit aspirant de marine, j'avais noté au jour le jour mes impressions d'alors. »

3 janvier 1872

(...) Depuis plusieurs jours, nous avons quitté, pour venir là, ces routes habituelles que suivent les navires à travers le Pacifique, car l'île de Pâques n'est sur le passage de personne. On l'a découverte par hasard, et les rares navigateurs qui l'ont de loin en loin visitée en ont fait des récits contradictoires. La population, dont la provenance est d'ailleurs entourée d'un inquiétant mystère, s'éteint peu à peu, pour des causes inconnues, et il y reste, nous a-t-on dit, quelques douzaines seulement de sauvages, affamés et craintifs, qui se nourrissent de racines ; au milieu des solitudes de la mer, elle ne sera bientôt qu'une solitude aussi, dont les statues géantes demeureront les seules gardiennes. On n'y trouve rien, pas même une aiguade pour y faire provision d'eau douce, et de plus, les brisants et les récifs empêchent le plus souvent d'y atterrir.

Nous y allons, nous, pour l'explorer, et pour y prendre, si possible, une des antiques statues de pierre, que notre amiral voudrait rapporter en France.

Lentement elle s'approche et se précise, l'île étrange ; sous le ciel assombri de nuages, elle nous montre des cratères rougeâtres et des rochers mornes. Un grand vent souffle et la mer se couvre d'écume blanche.

Rapa-Nui est le nom donné par les indigènes à l'île de Pâques, – et, rien que dans les consonances de ce mot, il y a, me semble-t-il, de la tristesse, de la sauvagerie et de la *nuit*... Nuit des temps, nuit des origines ou nuit du ciel, on ne sait trop de quelle obscurité il s'agit ; mais il est certain que ces nuages noirs, dont le pays s'enténèbre pour nous apparaître, répondent bien à l'attente de mon imagination. (...)

A midi, l'expédition est prête à aller chercher la grande idole. Dans la

L'équipage de la *Flore* à Valparaiso en 1871.

chaloupe de la frégate, on a embarqué d'énormes palans, une sorte de chariot improvisé et une *corvée* de cent hommes, sous la conduite d'un lieutenant de vaisseau. (...)

Les indigènes se sont réunis en masse sur la plage et poussent des cris perçants pour nous recevoir. Depuis hier, la nouvelle de l'enlèvement prochain de la statue s'est répandue parmi eux, et ils sont accourus de toutes parts pour nous regarder faire ; il en est venu même de ceux qui habitent la baie de La Pérouse, de l'autre côté de l'île ; aussi voyons-nous beaucoup de figures nouvelles.

Le lieutenant de vaisseau qui commande la corvée tient à ce que les cent hommes s'acheminent vers le *maraï* en rang et au pas, les clairons sonnant la marche ; cette musique jamais entendue met la peuplade entière dans un état de joie indescriptible, – et ils deviennent difficiles à tenir en bon ordre, les matelots, avec toutes ces belles filles demi-nues, qui autour d'eux gambadent et s'amusent.

Au *maraï*, par exemple, il n'y a plus de discipline possible ; cela devient une folle confusion de vareuses de marine et de chairs tatouées, une frénésie de mouvement et de tapage ; tout ce monde se frôle, se presse, chante, hurle et danse. Au bout d'une heure, à coups de pinces et de leviers, tout est bousculé, les statues plus chavirées, plus brisées, et on ne sait pas encore laquelle sera choisie.

L'une, qui paraît moins lourde et moins fruste, est couchée la tête en bas, le nez dans la terre ; on ne connaît pas encore sa figure, et il faudra la retourner pour voir. Elle cède aux efforts des leviers manœuvrés à grands cris, pivote autour d'elle-même et retombe sur le dos avec un bruit sourd. Son retournement et sa chute donnent le signal d'une danse plus furieuse et d'une clameur plus haute. Vingt sauvages lui sautent au ventre et y gambadent comme des forcenés... Ces vieux morts des races primitives, depuis qu'ils dorment là sous leur tumulus, n'ont jamais entendu pareil

vacarme, – si ce n'est peut-être quand ces statues ont perdu l'équilibre, secouées toutes ensemble par quelque tremblement de terre, ou bien tombant de vieillesse, une à une, le front dans l'herbe.

C'est bien celle-là, décidément, la dernière touchée et retournée, que nous allons emporter ; non pas tout son corps, mais seulement sa tête, sa grosse tête qui pèse déjà quatre ou cinq tonnes ; alors, on se met en devoir de lui scier le cou. Par bonheur, elle est en une sorte de pierre volcanique assez friable, et les scies mordent bien, en grinçant d'une manière affreuse... (...)

A l'extrême déclin du soleil, je reviens m'asseoir avec mes cinq amis en face de la mer, au point où nous avons déjà pris l'habitude d'attendre ensemble l'arrivée des canots. Ce sera la dernière fois peut-être, car j'aperçois là-bas au loin la chaloupe qui retourne à bord et, au milieu de l'entassement des matelots vêtus de blanc, la grosse tête brune de l'idole qui s'en va en leur compagnie ; donc, la manœuvre s'est terminée à souhait, et nous avons la chance de partir demain. Je dis presque : tant pis, car volontiers je serais resté encore.

Mais le soir, au moment de me coucher dans mon hamac, je suis appelé chez le commandant, et je pressens du nouveau pour la journée suivante.

Il m'annonce en effet que le départ est ajourné de vingt-quatre heures. Demain il a le projet de se rendre avec quelques officiers, dans la région plus éloignée, où des idoles, très différentes de celles à notre connaissance, restent encore debout. (...) Et il me demande si je veux l'accompagner. J'en meurs d'envie, cela va sans dire. Mais demain, je suis de garde, hélas ! moi, m'étant promené aujourd'hui tout le jour.

– « Ça, dit-il, j'en fais mon affaire avec l'amiral ». – Et il ajoute en riant : « A une condition... » – Ah ! oui, les dessins ! Il va falloir que je dessine les statues sous toutes les faces et pour tout le monde... Tant qu'on voudra, pourvu qu'on m'emmène !

6 janvier

Avant quatre heures du matin, par une nuit encore noire, sous un ciel épais, nous quittons la frégate. Et avant le jour nous atteignons la plage, choisissant pour débarquer un point difficile et solitaire, afin de ne pas donner l'éveil aux indigènes qui, tous, voudraient nous suivre (...).

Nous cheminons à présent le long de la mer. Au bord des plages, sur les falaises, il y a des terrasses faites de pierres immenses ; on y montait jadis par des gradins semblables à ceux des anciennes pagodes hindoues et elles étaient chargées de pesantes idoles, qui sont renversées aujourd'hui la tête en bas, le visage enfoui dans les décombres. L'Esprit des Sables et l'Esprit des Rochers, l'un et l'autre gardiens des îles contre l'envahissement des mers, tels sont les personnages des vieilles théogonies polynésiennes que ces statues figuraient. (...)

Près d'un tumulus, un entassement de mâchoires et de crânes calcinés semble témoigner de sacrifices humains, qui se seraient accomplis là durant quelque longue période. Et – autre mystère – des routes dallées, comme étaient les voies romaines, *descendent se perdre dans l'Océan...*

Des mâchoires, des crânes, on en trouve du reste ici partout. On ne peut nulle part soulever un peu de terre sans remuer des débris humains, comme si ce pays était un ossuaire immense. C'est que, à une époque dont l'épouvante s'est transmise jusqu'aux vieillards de nos jours, les hommes de Rapa-Nui connurent l'horreur *d'être trop nombreux*, de s'affamer et de s'étouffer dans leur île, dont ils ne savaient plus sortir ; alors survinrent, entre les tribus, de grandes guerres d'extermination et de cannibalisme. C'était en des temps où l'existence de l'Océanie n'était même pas soupçonnée par les hommes blancs ; mais, au siècle dernier, lorsque passa Vancouver, il trouva encore, dans cette île qui n'avait déjà plus que deux mille habitants à peine, des traces de camps retranchés sur toutes les montagnes, des restes de fortifications en palissades au bord de tous les cratères.

(...) L'île semble bien petite en proportion de cette zone considérable, occupée par les monuments et les idoles. Était-ce donc une île sacrée, où l'on venait de loin pour des cérémonies religieuses, à l'époque très ancienne de la splendeur des Polynésiens, quand les rois des archipels avaient encore des pirogues de guerre capables d'affronter les tempêtes du large et, de tous les points du Grand-Océan, s'assemblaient dans des cavernes, pour y tenir conseil, en une langue secrète ? ... Ou bien ce pays est-il un lambeau de quelque continent submergé jadis comme celui des Atlantes ? Ces routes plongeant dans les eaux sembleraient l'indiquer ; mais les légendes maories ne font pas mention de cela, et, tandis que l'Atlantide en sombrant a formé sous la mer des plateaux gigantesques, ici, autour de l'île de Pâques, tout de suite les profondeurs insondables commencent...

(...) Et puis, c'est singulier, quand on y réfléchit, la persistance de cette île et son air de quiétude, au milieu du Grand-Océan, qui, dirait-on, ne vient mouiller que ses plages de corail, sans vouloir jamais franchir une ligne convenue... Il suffirait pourtant du dénivellement le plus léger dans les effroyables masses liquides pour submerger ce rien qui, depuis tant d'années, chauffe au soleil son peuple d'idoles... Et, la fatigue aidant, je crois que peu à peu l'âme des anciens hommes de Rapa-Nui pénètre la mienne, à mesure que je contemple à l'horizon le cercle souverain de la mer : voici que je partage leur angoisse devant l'énormité des eaux et que tout à coup je les comprends d'avoir accumulé, au bord de leur terre par trop isolée, ces géantes figures de l'Esprit des Sables et de l'Esprit des Rochers, afin de tenir en respect, sous tant de regards fixes, la terrible et mouvante puissance bleue...

Pierre Loti
L'Ile de Pâques
Journal d'un aspirant de la Flore
Pierre-Olivier Combelles 1988

Les missionnaires

En 1864, ému des souffrances endurées par les Pascuans, le père Eugène Eyraud débarque sur l'île de Pâques. Bientôt, d'autres frères le rejoindront... Les nouvelles envoyées régulièrement à leurs supérieurs par les missionnaires sont un précieux témoignage sur la vie quotidienne des indigènes.

Premières leçons de catéchisme

Valparaiso, décembre 1864.

(...) Vous pouvez déjà, Très Révérend Père, vous figurer assez exactement ma vie à l'île de Pâques. Torometi me regardera comme sa propriété, moi et mes effets. En cette considération, il me fournira, chaque jour ma ration de patates cuites, il tiendra à me nourrir. Aussi pourrai-je consacrer toute la journée à l'instruction des indigènes. C'est ce que j'ai pu faire depuis mon arrivée jusqu'à mon départ. Je n'ai eu guère que deux espèces de distractions : le travail le plus indispensable pour cultiver un petit coin de terre, et y semer quelques graines de légumes que j'avais prises à mon départ, puis ma défense et celle de mes effets contre les envahissements et les prétentions persévérantes et toujours croissantes de Torometi. En dehors de cela, mon séjour à l'île de Pâques a été une longue classe, un long catéchisme,

interrompu seulement par de courts moments de repos et quelques petits incidents. Trois fois par jour, la cloche annonçait la prière. On se réunissait, je prononçais chaque mot de la prière et les assistants le répétaient. Outre ces trois moments consacrés à la prière proprement dite, il y avait la classe ; alors on répétait encore les prières, le catéchisme, ou bien l'on apprenait à lire. En neuf mois et quelques jours, je n'ai pas fait de docteurs, on peut le croire, mais enfin quelques Kanaks, tant garçons que filles, ont appris assez bien les principales prières et les mystères principaux de la religion. Beaucoup ont commencé à épeler ; il y en a cinq ou six qui lisent passablement. Ces résultats ne paraîtront peut-être pas très brillants. Mais il ne faut pas oublier que ces pauvres gens n'avaient pas l'idée des choses que je devais leur enseigner, que leur langue ne possédait même point les mots nécessaires pour les nommer, et qu'en leur enseignant les prières il me fallait de mon côté apprendre leur langue, ce qui est plus difficile qu'on ne pense. En effet, avec des sauvages, il n'y a nulle question à faire pour apprendre, nul renseignement à demander. Ils vous disent le nom de l'objet qu'ils ont présentement sous les yeux, mais n'allez pas plus loin, ne demandez même pas le sens d'un mot que vous ne comprenez pas, encore bien moins une définition, c'est infiniment au-dessus de leur intelligence. Ils ne trouveront rien de mieux alors que de vous répondre en répétant votre propre question.

Pour obtenir de minces résultats, il a fallu être à chaque instant du jour à la disposition de ces enfants grands et petits. Soyez prêt ou ne le soyez pas, Monsieur le professeur, ou mon frère le catéchiste, voici venir les élèves. On frappe à la porte ; si je sors immédiatement, c'est bien, on commencera la classe sur l'herbe, en face de la case. Si, occupé à quelque chose, je tarde un peu, si, croyant apercevoir chez les élèves plus d'envie de s'amuser que d'apprendre, je veux les renvoyer à plus tard, il ne perdront pas l'occasion qui se présente si belle. Aprés avoir frappé à la porte, on frappe tout autour de la maison, puis on s'assied à distance et l'on s'amuse à jeter des pierres, d'abord des petites, ensuite de plus grosses, pour soutenir l'intérêt. Que le catéchiste soit de bonne humeur ou non, il faudra bien qu'il se montre. Je sors donc, armé de mon catéchisme, et m'asseyant sur l'herbe, je leur dis : voyons, approchez, nous allons apprendre les prières. – Non, répondent les élèves, approche plutôt, toi, viens ici. Le plus simple est d'y aller et de commencer immédiatement. Alors grands et petits s'accroupissent sur l'herbe et répètent les prières, les demandes et les réponses du catéchisme, avec plus ou moins d'attention et sur un ton plus ou moins satisfaisant. Au bout de quelque temps arrivent de nouveaux élèves. Ceux qui s'ennuient les premiers se lèvent et s'en vont. Les derniers venus ne tardent pas à les suivre. Bientôt la place est libre, et le professeur peut se livrer à une autre occupation, mais à la condition de recommencer lorsque l'envie viendra à ces messieurs de recommencer l'exercice. Si ce n'est pas aujourd'hui, ce sera demain ; mais enfin soyez prêt, car ici il y a peu d'occupations, peu de moyens de distraction, et l'on ne tarde pas de venir frapper à la porte du « papa » et de lui dire : enseigne-nous à prier.

Père Eugène Eyraud,
Lettre au Très Révérend
Père supérieur général

Le père Eugène Eyraud sera le premier à s'intéresser aux statuettes et aux tablettes kohau rongo rongo

Valparaiso, décembre 1864.

(...) Vous désiriez sans doute de nombreux détails sur la religion de nos insulaires. Autant que j'aie pu le reconnaître pendant neuf mois de séjour, la religion paraît occuper une place très minime dans leur vie. La connaissance trop imparfaite de la langue ne m'a pas permis, il est vrai, de faire sur ce sujet beaucoup de questions. Mais quoique j'aie toujours vécu avec eux dans la plus grande familiarité, je n'ai pu surprendre aucun acte bien positif d'un culte religieux. Dans toutes les cases, on trouve bien de petites statuettes d'un pied de hauteur à peu près, et représentant des figures d'hommes, de poissons, d'oiseaux. Ce sont sans doute des idoles. Mais je n'ai pas remarqué qu'on leur rendit aucune sorte d'honneur.Dans certaines circonstances, je les ai vus prendre ces statuettes, les élever en l'air, faire quelques gestes, et accompagner le tout d'une espèce de danse et d'un chant insignifiant. Que se proposent-ils ? Je crois qu'ils ne le savent guère. Ils ont vu leurs pères exécuter ces danses : ils font tout simplement ce qu'ils ont vu faire, sans porter plus loin leur pensée. Si vous leur demandez ce que cela signifie, ils vous répondront, comme pour leur jeux, que c'est la mode du pays.

Je n'ai pas vu non plus de rites religieux à l'occasion de la mort. Quand quelqu'un est malade, tout le traitement consiste à le sortir de la case pendant le jour, et à l'y replacer pendant la nuit. Si le malade vient à rendre le dernier soupir, on l'enveloppe dans une natte de paille un peu plus longue que le cadavre, on serre la natte avec du fil de « purau », puis on va déposer le tout en face de la maison, sur le rivage ; ces corps enveloppés dans leurs nattes, sont placés sur un tas de pierres, ou sur une espèce de chevalet de bois, la tête tournée vers la mer. Comme toute la population est répandue autour de l'île, les cadavres desséchés et recouverts d'une natte, se rencontrent aussi tout le long de la côte, sans qu'on ait l'air d'y faire grande attention.

Je ne sais quelle idée ces pauvres sauvages ont sur la mort et sur l'autre vie. Un jour, à l'occasion d'un vol de Torometi, je voulus lui parler de l'autre vie et du compte qu'il aurait à rendre. Pane venait de mourir. Je lui rappelai, en ajoutant que bientôt il en serait de même pour lui. Je ne me doutais pas de l'effet qu'allait produire mes paroles. A peine avais-je prononcé ces mots : tu mourras, que Torometi fut frappé comme d'un coup de foudre. Il fut en proie à un tremblement violent, exprimant dans ses traits et dans ses gestes la terreur et la colère. Les assistants en faisaient autant ; on n'entendait plus qu'un cri : le « papa » a dit : *e pohe oe*. Il semblait que j'avais prononcé une parole magique. En vain essayai-je d'adoucir l'effet de la terrible parole, en répétant que je ne savais pas la langue, que je ne leur voulais aucun mal ; efforts inutiles ! Tout le monde était atterré, et je craignis un moment de payer cher mon imprudence. Cette impression dura plus de quinze jours. Chacun sut que j'avais dit : tu mourras ; et je fus signalé pendant longtemps comme coupable d'un crime inouï. Je n'ai jamais pu m'expliquer ce fait, qu'en supposant que la parole prononcée leur avait semblé une menace ou l'annonce d'un grand malheur. Je conseille donc à ceux

Tabatière réalisée avec les fragments d'une tablette rongorongo.

qui iront à l'île de Pâques, de ne jamais prononcer devant les indigènes les fameuses paroles : *e pohe oe*. Cet incident m'a fait supposer que les sorts n'étaient pas inconnus à l'île de Pâques, et que ce que Torometi craignait était que je ne lui jetasse un sort. Cette supposition cependant ne repose pas sur d'autres données, et rien dans la suite n'est venu la confirmer.

Il est un autre point sur lequel je ne serai pas plus explicite. On trouve dans toutes les cases des tablettes de bois ou des bâtons couverts d'espèces de caractères hiéroglyphiques. Ce sont des figures d'animaux inconnus dans l'île, que les indigènes tracent au moyen de pierres tranchantes. Quelle signification attachent-ils à ces caractères ? Il est probable qu'ils ne le savent pas trop. Chaque figure, sans doute, a son nom. Mais le peu de cas qu'ils font de ces tablettes me porte à penser que ces caractères, probablement une écriture dans le principe, sont tout simplement pour eux maintenant un usage qu'ils conservent, sans chercher à s'en rendre compte.

En effet, ils n'ont l'idée ni de la lecture ni de l'écriture. D'un autre côté pourtant, ils comptent très facilement et ont des mots pour représenter tous les nombres. Ils connaissent même une mesure de temps ; c'est une année lunaire. Mais là encore les souvenirs s'affaiblissent, et ils ne sont pas d'accord sur le nombre des lunes. Chose digne de remarque ! Ces sauvages montrent un extrême intérêt pour tout ce qui a rapport à ces questions. Lorsque je parlais des mois, du lever du soleil, etc, tout le monde s'approchait : tous, jusqu'aux vieillards, venaient prendre place parmi les élèves. Il en était de même, quand je disais quelque chose de la correspondance épistolaire ; et là encore leurs idées ne sont pas très nettes. Un jour pendant que je faisais la classe, j'aperçus un navire. Pensant qu'il s'approcherait peut-être, j'entrai dans ma case pour écrire quelques lignes. Mes ingénieux élèves m'examinaient de loin, s'imaginant que j'étais doué de la faculté de parler avec les absents, et que j'en faisais usage. Car, lorsque je revins vers eux, ils s'empressèrent de me demander quelle avait été ma conversation avec le navire.

Père Eugène Eyraud,
Lettre au Très Révérend
Père supérieur général

Le père Zumbohm fait une arrivée triomphale à l'île de Pâques

Octobre 1879.

Il y avait déjà cinq mois que ce bon Frère Eugène, vrai fondateur de la mission de Rapanui, était débarqué dans cette île, avec le R. P. Hippolyte, lorsque j'y fus envoyé, ainsi que le F. Théodule, par notre Provincial, qui était alors le R.P. Olivier.

Nous fûmes transportés sur le *Tampico* commandé par le capitaine Dutrou-Bornier. Quand le navire approcha de la côte, presque tous les habitants se portèrent à notre rencontre dans la baie de Hagaroa. Le costume des ces Indiens était alors des plus primitifs : je vais essayer de vous en faire la description :

D'abord tout le monde, hommes et femmes, excepté les enfants, portait une ceinture ; en outre, toutes les femmes, et la plupart des hommes s'affublaient d'une sorte d'étoffe, en forme de carré long, qu'ils se jetaient sur les épaules et rattachaient, vers le cou, au moyen d'un nœud ou d'une ficelle ; ils joignaient ensuite les bords de cette pièce, en les tenant à la main, et se drapaient ainsi, à leur gré, d'après la longueur du morceau. Cette longueur variait beaucoup d'après la fortune d'un chacun : pour les chefs, elle descendait jusqu'aux genoux. (...)

Parmi nos visiteurs, nous remarquions un jeune garçon qui paraissait avoir quatorze ans ; il était bien habillé et portait un képi sur la tête. On nous dit que c'était le jeune roi ; or, de tous les indigènes, lui seul était baptisé. Nous distinguâmes encore dans la foule trois personnages dont la tenue faisait contraste avec les autres insulaires ; ils paraissaient très occupés à maintenir l'ordre autour d'eux : c'étaient trois bons chrétiens de Magareva (îles Gambier) qui, par dévouement, avaient accompagné le Père Hyppolyte et le frère Eugène dans cette pénible mission ; ils s'y rendaient très utiles, soit en servant d'interprètes, soit en donnant le bon exemple et en dirigeant les travaux.

Dès que nous fûmes arrivés, deux Indiens vinrent s'offrir pour nous porter à dos jusqu'à la plage. Nous acceptâmes ce service qui fut ensuite récompensés par des habits. Je ne saurais vous dire les sentiments que j'éprouvai durant ce trajet : la complaisance, la joie et la fierté avec laquelle mon porteur s'acquittait de son emploi remplissait mon âme d'une douce espérance. Quand j'eus mis pied à terre, je me vis entouré d'une foule si compacte que je ne pouvais presque pas avancer. De tous côtés, on m'adressait des questions auxquelles je ne pouvais répondre, vu que je n'entendais pas encore la langue du pays ; je compris cependant les aimables salutations de ces braves gens, car leur ton et leurs gestes en disaient plus que leurs paroles. Il me tardait de me soustraire à ces démonstrations qui me causaient une émotion trop vive : aussi ce fut avec bonheur que j'entrais dans la chapelle de la mission, pour y faire mon action de grâces et y goûter un peu de calme et de repos, après avoir embrassé mes confrères avec une joie que je n'ai pas besoin de vous exprimer.

Mais il fallait songer à débarquer nos effets ; nous aider dans cette opération fut un nouveau bonheur pour les Océaniens : la vue de divers objets qu'ils ne connaissaient point, excitait leur hilarité, quand la brouette, ayant reçu sa charge, se mit en marche, nos insulaires poussèrent un cri d'admiration : la roue tournante leur paraissait un être vivant.

Nous avions apporté une vache et son veau ; lorsque ces deux animaux s'avancèrent vers notre enclos, l'étonnement redoubla. Mais l'enthousiasme fut à son comble, quand un des matelots vint à terre avec le beau cheval sur lequel il était monté, il y eut même en ce moment une sorte de panique ; s'imaginant que le cavalier et le coursier ne faisaient qu'un, nos braves commençaient à trembler ; on en voyait qui s'éloignaient en courant à toutes jambes ; d'autres se couchaient à terre ; ceux qui eurent le courage d'envisager le phénomène de plus près ne furent pas médiocrement surpris de voir l'animal se dédoubler, c'est-à-dire l'homme descendu de sa monture. Le débarquement fini, un signal se fit entendre : c'était l'appel à la prière. Au même instant la chapelle s'ouvrit, et tous les insulaires s'y rendirent en courant. Les plus savants se mirent en avant, les autres se tinrent en arrière, et même beaucoup durent rester dehors, car le local était trop petit. Tout le monde étant ainsi réuni, le Père Hippolyte fit le signe de la croix et dit à haute voix : *I te igoa note Matua* etc, c'est-à-dire au nom du Père...

Tout le monde suivait et chantait avec recueillement : c'était véritablement un spectacle admirable et bien édifiant. Ainsi donc, en si peu de temps, bon nombre de ces sauvages avaient déjà appris les prières principales ; ils savaient les premiers éléments du catéchisme et commençaient à comprendre les explications par lesquelles on s'efforçait de mettre à leur portée les grandes vérités de notre sainte religion.

Je dois ajouter que sous leurs superstitions païennes, les missionnaires avaient cru saisir quelques vestiges de la tradition primitive. Peut-être y avait-il, en effet, dans ces idées confuses, un germe que la grâce devait un jour développer.

R. P. Gaspard Zumbohm,
Lettre au directeur
des Annales de la Congrégation
des Sacrés-Cœurs de Jésus et de Marie

Photographie prise par Alfred Métraux au cours de sa mission en 1934.

Comment les missionnaires ont quitté l'île

Avant d'être l'ennemi juré des missionnaires, Dutrou-Bornier louait leur travail et leur acharnement. Quelques années plus tard, c'est le même Dutrou-Bornier qui chassera les religieux de l'île

Valparaiso, 22 décembre 1866.

(...) « J'ai été émerveillé en voyant ce que la patience et le travail de deux hommes seuls pouvaient faire en si peu de mois. Là où je ne croyais rencontrer qu'une pauvre cabane à peine fermée, j'ai découvert des bâtiments bien installés, clos de murs et de grilles, une chapelle toute riante de fleurs, un hangar, un jardin ; alentour, des terrains défrichés et plantés. Je ne peux vous dire de quoi j'ai été le plus surpris, de l'intelligent travail du Fr. Eugène, ou de l'angélique patience du R.P. Roussel. J'ai vu la petite église pleine ; j'ai vu ces mêmes sauvages qui recevaient les étrangers à coups de pierres, réciter à genoux toutes nos plus belles prières en langue kanake, en langue française et en latin. – L'île de Pâques a, je crois, un grand avenir. Une fois la population mise au travail, le terrain, qui est très bon, donnera toutes les céréales de nos pays tempérés. Il s'agit seulement d'arriver à régénérer une population abrutie par les souffrances, et décimée par la guerre, le froid et la famine. » (...)

Dutrou- Bornier

Tahiti, 6 septembre 1871.

Mon Révérend Père :

Nous avons évacué l'Ile de Pâques.

Le navire de guerre du Chili laissa de la poudre à M. Dutrou-Bornier. Il s'en est servi pour faire la guerre à la Mission. Il a brûlé à diverses reprises le village où était le P. Roussel.

J'écrivis à M. Brander, commerçant de notre place et maître, sinon associé de M. Dutrou-Bornier. M. Brander reçut ma lettre à Valparaiso lorsque j'y rapatriais Arena et sa femme ; M. Brander passa par Rapanui et ne remédia à rien, mais il y prit environ 70 indigènes.

Depuis son passage, Dutrou-Bornier, conduisant les expéditions, le fusil sur l'épaule et avec deux Européens et plusieurs indigènes également armés de ses fusils, a affecté de ménager les missionnaires et les propriétés de la Mission ; nous avons néanmoins perdu à ce jeu de 800 à 1 000 piastres en valeurs diverses.

Les indigènes auraient pu écraser les agresseurs, mais la crainte des fusils, la peur d'une indemnité aussi injuste que celle qui a frappé la Reine des Gambiers, l'inertie du P. Gaspard dont le village n'était pas d'abord attaqué, l'odieux des voies de fait ont tout paralysé.

Cependant M. Brander à peine arrivé ici n'a songé qu'à envoyer chercher encore des travailleurs à l'île de Pâques. Je lui ai proposé le transport à Gambier de ceux qu'il ne prendrait pas à son service. Il a en conséquence transporté à Tahiti 100 travailleurs de plus, et à Gambier 150 personnes environ distribuées un peu partout.

Le navire *John Burgoyne* est parti pour aller encore chercher des travailleurs à Rapanui pour la plantation de M. Brander. Va-t-il amener tous les 160 habitants qui restent encore à l'île de Pâques ? Nous verrons au retour.

Outre l'avantage d'avoir d'excellents travailleurs à sa plantation, M. Brander

Indigènes et officiers de la *Durance* le 1er août 1901 à l'île de Pâques dans la cour de la mission.

espère encore être seul propriétaire de Rapanui, 11 000 ha., d'excellents pâturages. Cet espoir explique son inaction et la conduite de son agent Dutrou-Bornier. M. Brander m'a offert un prix infime de ce que la Mission possède à Rapanui, je n'ai pas accepté.

J'avais donné ordre au P. Roussel de brûler nos deux chapelles, il ne l'a pas fait, vu qu'elles ne peuvent guère être considérées comme édifices sacrés, n'ayant pas été achevées par la faute de Brander, qui nous a livré des planches d'un pouce et demi au lieu de planches d'un pouce (...)

Je vous prie, mon Révérend Père, et vous donne pouvoirs pour vendre notre propriété du Gouvernement du Chili.

Il me semble que la République ne peut pas laisser échapper cette occasion de s'emparer très légitimement d'un point important sur ses côtes. Cette île est bonne pour y mettre des déportés. Mais l'utilité la plus grande que le Chili peut en retirer, c'est d'empêcher dans un cas de guerre une nation étrangère d'y mettre un petit bateau à vapeur, qui, sortant en croisière, arrêterait les bâtiments de commerce se rendant des ports du Pérou à Valparaiso. Les havres de Rapanui ne sont pas bons, mais un petit bâtiment à vapeur peut en changer suivant les vents. Est-il possible d'ailleurs de faire une construction pour se mettre à l'abri ?

Veuillez, mon Révérend Père, vous occuper de cette petite négociation. J'aime à croire que ce sera un service pour les deux parties. M. Brander possède peu de chose encore à Rapanui, il n'a guère qu'un contrat en règle, comme les acquisitions de M. Dutrou-Bornier étaient complètement injustes, les missionnaires se sont refusés à les signer, et ce refus a été une des causes de la mésintelligence.

Je suis avec affection et respect, mon Révérend Père, votre serviteur.

Tepano Jaussen,
Ev. d'Axieri

Le défi des archéologues

Aux interprétations fantaisistes, les scientifiques opposent les résultats de leur travail acharné. Qui saura résoudre les derniers mystères de l'île de Pâques?

Le recueil des traditions

Dans des contrées où l'on se soucie, avant tout de plaire au visiteur, le degré d'authenticité des traditions orales dépend de la qualité de l'informateur et de la date de leur enregistrement : or les Maori pascuan, c'est-à-dire les personnages les plus savants en la matière, ont disparu pour la plupart lors de la rafle de 1862, avant les premières enquêtes ethnographiques. A de rares exceptions près, ces dernières se sont donc adressées à des personnes dont la fonction n'était pas de conserver la culture.

Les premiers récits ont été recueillis par le frère Hippolyte Roussel, vers 1870. Après 1877, l'ascendance tahitienne d'Alexander P. Salmon, installé à l'île de Pâques où il représentait la maison Brander, lui a permis d'entretenir avec les 155 Pascuans rescapés des relations plus franches et sans doute plus intimes que celles qu'avaient pu établir les missionnaires : de nombreux récits traditionnels ont été alors rassemblés grâce à son entremise; c'est ainsi qu'en 1886 l'Américain William J. Thomson, malgré la brièveté de son séjour (du 18 au 30 décembre), put réunir une importante documentation. Katherine Routledge, une Anglaise fortunée, passa dix-sept mois sur l'île entre 1914 et 1915. Elle obtint des récits auprès des derniers représentants vivants de la culture traditionnelle; ceux-ci pouvaient avoir une vingtaine d'années au moment de la conversion. Malheureusement, la plus grande partie de ses notes a été égarée. En 1934-1935, la mission franco-belge d'Alfred Métraux et d'Henri Lavachery interrogera leurs enfants et petits-enfants qui n'avaient jamais vécu avec les anciens dieux.

Michel Orliac

Les cavernes de l'île de Pâques

La nature géologique de Rapa Nui a favorisé un cavernement important composé essentiellement de tunnels de lave et de grottes marines. Cependant, certains sites dépourvus de cavités naturelles présentent de petites excavations creusées par les hommes.

Les tunnels de lave

Les tunnels de lave sont nombreux dans l'île, notamment dans les vastes champs de lave issus du volcan le plus récent. La longueur de ces cavités varie bien évidemment selon la pente, la viscosité de la lave et l'importance de la coulée. Plusieurs d'entre eux atteignent des développements de l'ordre du kilomètre, c'est le cas d'un système complexe de galeries, proche de l'ahu Akivi, au pied du cône éruptif Hiva Hiva, sur la côte ouest de l'île.

Les grands tunnels

La cavité Ana Te Pahu (« grotte des taros ») située au milieu des champs de lave du Hiva Hiva avec ses différents aménagements est un bon exemple de ce type de grotte.

A l'approche de la caverne, son existence est immédiatement perceptible à cause de la végétation des « jardins en profondeur » qui dépasse la surface du sol. (...)

Les grands affaissements servent aussi d'entrées à la caverne. A l'intérieur de celle-ci, dans la zone de diffusion de la lumière, plusieurs espaces nettoyés des blocs jonchant le sol et limités par des petits murs de pierres présentent des traces d'activités artisanales.

D'autres orifices provenant d'un écroulement partiel de la voûte, et dont le diamètre dépasse rarement trois mètres, permettent d'accéder à des terrasses intérieures aménagées qui ont manifestement servi d'habitat. Ces plates-formes qui peuvent avoir une superficie de trente mètres carrés sont construites en escalier et limitées par des murets de pierres sèches. L'entrée ou la sortie de la caverne se fait par un cairn de pierres empilées, monté à l'aplomb de l'ouverture. La hauteur et le diamètre de ce tas de pierres sont évidemment fonction de la hauteur sous voûte. Outre ce cairn, on trouve sur les terrasses un four (*umu*) limité par cinq dalles posées à chant qui servait à cuire les aliments à l'étouffée, ainsi que des murets délimitant des espaces réguliers qui pouvaient être réservés au sommeil. (...)

A faible distance de l'habitat, les points bas du tube de lave sont limités par une « margelle » et retiennent une réserve d'eau douce. Celle-ci peut être très importante et constituer un petit lac, ou très réduite, de l'ordre d'une dizaine de litres.

Dans une cavité comme Ana Te Pahu qui compte 910 mètres de développement et dix accès, l'on trouve trois importants « jardins en profondeur », cinq réserves d'eau et cinq ensembles de terrasses ou espaces d'habitat. Il faut souligner que ce grand tunnel est cloisonné par des murs de pierres sèches en plusieurs unités comprenant jardin, point d'eau, et habitat.

Enfin, plusieurs de ces grands tunnels, et c'est le cas d'Ana Te Pahu à son extrémité ouest, possèdent cet aménagement particulier qu'est l'*ana kionga*.

Les ana kionga

Ce type de grotte est défini par son faible développement, son entrée unique très normalisée, et l'aspect dissimulé de celle-ci.

L'accès à ces chambres souterraines

se fait toujours par un couloir artificiel étroit organisé différemment selon la topographie de l'ouverture du tunnel de lave. Dans le cas des grands tunnels, l'ana kionga est située à la base d'un effondrement, généralement contiguë à un « jardin en profondeur ». L'un des porches du tunnel est alors condamné par un mur épais, à l'intérieur duquel est aménagé un couloir horizontal. Par contre, les ana kionga constituées à partir de cavités plus modestes, s'ouvrant au niveau du sol par une petite dépression, présentent un accès plus élaboré. L'affaissement est alors intégralement comblé. Au fur et à mesure de ce comblement, on construit un couloir horizontal sur lequel se branche un puits vertical qui débouche à l'air libre.

Entrée d'une caverne.

L'emplacement de l'ana kionga au milieu du village apparaît alors comme un empierrement pouvant atteindre 100 m² qui s'intègre parfaitement dans le paysage tourmenté des champs de lave. Il est parfois recouvert d'une végétation herbeuse, ce qui le rend difficilement repérable pour un œil non exercé.

L'orifice du puits, de 1 mètre à 3 mètres de profondeur, est presque toujours encadré par cinq dalles qui dessinent un polygone à l'image du four traditionnel pascuan.

Dans tous les cas, le couloir horizontal qui donne accès au tunnel de lave se compose de deux alignements de blocs juxtaposés, recouverts d'un dallage qui supporte les pierres du comblement. Le passage bien appareillé est de section rectangulaire, large de 0,60 mètre à 0,80 mètre pour une hauteur moyenne de 1 mètre. Il débouche dans la caverne horizontalement ou après une série de petites chicanes verticales.

Dans l'ana kionga, les roches provenant des éboulements de la voûte ou des parois ont été soigneusement empilées, latéralement aux galeries, de façon à faciliter la progression dans les endroits accidentés. Les salles dont le sol accuse une forte déclivité sont dotées de terrasses qui sont généralement construites à proximité d'un point d'eau, lui-même aménagé. (...)

Certaines de ces grottes sont décorées de pétroglyphes, soulignés ou non de peintures, qui représentent le plus souvent le dieu Make Make. Enfin, on y trouve également des squelettes plus ou moins en connexion et des crânes isolés.

Alain Gautier / Pierre Carlier,
Archéologia, février 1987

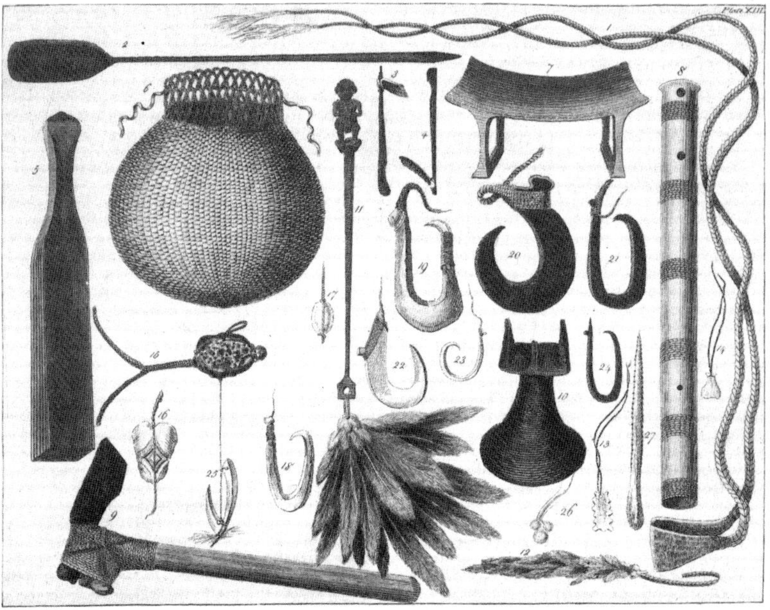

Des outils de basalte et d'obsidienne

En Polynésie, avant l'arrivée des Européens porteurs du métal, les outils étaient façonnés dans les pierres dures, les coquillages, les os, les dents et les téguments des animaux. Les roches choisies pour les outils étaient en général celles présentant un grain très fin, susceptible de donner les tranchants les plus aigus. Les outils étaient fabriqués par éclatement à l'aide d'un percuteur ; les plus rudimentaires, jetables après un bref emploi, étaient de simples éclats ; les outils destinés à un travail prolongé, étaient beaucoup plus élaborés : il s'agit principalement des herminettes, destinées, comme celle de nos charpentiers, au travail du bois ; leur lame en pierre était façonnée par éclats, les aspérités réduites par piquetage, enfin leur surface était plus ou moins totalement polie. La lame, solidement fixée à un manche coudé, était continuellement réaffûtée sur une pierre.

A l'île de Pâques, les outils étaient principalement façonnés dans la pierre ; l'os servait à faire des hameçons et des aiguilles pour coudre le tapa ; les dents tranchantes des requins étaient également appréciées. Le travail du bois, centré uniquement sur la petite sculpture, était très réduit, relativement aux autres archipels polynésiens ; il nécessitait l'emploi d'herminettes de petite dimension, ou *toki* en pascuan, de ciseaux (*kau toki* ou *tingi*) et de perçoirs. Si l'île était quelque peu boisée au début de sa colonisation, cela devrait se traduire par une plus grande abondance et une plus grande diversité de l'outillage de pierre ; les travaux archéologiques ne sont pas encore assez avancés pour apporter ce genre de preuve. En revanche, le travail de la pierre a connu des développements exceptionnels, que ce soit pour sculpter les statues, les dalles de parement des *ahu*, certains situés à plusieurs kilomètres de la carrière. (...)

Des pics grossiers, façonnés sur place dans les lapilis des tufs, sont trouvés par centaines dans les carrières de statues du Rano Raraku. Les herminettes étaient taillées dans une roche extraite de carrières de la baie de La Pérouse et les ciseaux dans celle du mont Otu. Partout appréciée dans le monde pour sa beauté et l'acuité de son tranchant, l'obsidienne ou verre volcanique existe en abondance à l'île de Pâques. Elle provenait principalement du mont Orito, près du Rano Raraku, mais il y en avait d'autres gîtes, moins riches et de moins bonne qualité. Elle était extraite, par grands éclats, d'affleurements tabulaires ; les produits finis les plus connus taillés dans cette matière sont les *mataa*, pointes pédonculées aux formes très variées, armant les lances ; un grand nombre d'éclats peu aménagés servaient à la sculpture du bois.

D'énigmatiques tours de pierre : les tupa

En bord de rivage et à l'intérieur de l'île, il existe une trentaine de constructions de pierre appelées tupa dont la fonction reste incertaine. Ce sont des édifices en forme de tours sur plan oval ou circulaire avec un toit plat ; une chambre large de deux à quatre mètres et haute de trois mètres, est aménagée à l'intérieur ; on y pénètre par un passage rectangulaire bas et étroit ; ces constructions qui ne semblent pas avoir été des habitations, ont été interprétées de bien des façons ; certains chercheurs pensent qu'elles auraient été utilisées par les prêtres pour observer le mouvement des astres ; ces spécialistes pouvaient ainsi prévoir l'arrivée des tortues et des oiseaux migrateurs dans l'île ou déterminer l'époque propice aux plantations.

Les maisons d'Orongo

Le village était habité de juillet à septembre, pour les fêtes de l'homme-oiseau. Les maisons ovales ou elliptiques étaient disposées en deux rangées parallèles ; elles mesuraient entre 2,50 mètres et 10 mètres. Elles étaient faites de plaques de roche en encorbellement pour constituer la toiture de ces édifices couverts de terre. Les maisons semi-enterrées d'Orongo possédaient une porte basse et étroite, au linteau souvent décoré de motifs gravés ; à l'intérieur, face à la porte, des orthostates étaient ornés de peintures d'homme-oiseau, de rame de danse et de représentation du dieu Make Make. Devant chaque maison se trouvaient des fours pour la cuisson des aliments.

Dossier établi
par Catherine et Michel Orliac

Une des maisons du village d'Orongo, où avaient lieu les cérémonies religieuses de la fête de l'Homme-Oiseau.

Les yeux des statues

La restauration en 1978 de l'ahu Nau Nau, sur le site d'Anakena, apporta une réponse à un sujet de controverses : l'intrigant « regard » des statues. Le sable accumulé au fil des ans protégea l'ahu et il fut retrouvé comme au lendemain du renversement des statues. Il y avait quelque chose de curieux : une trentaine de morceaux de corail, la plupart gros comme le poing, éparpillés près des statues brisées.

Le corail avait été taillé et poli. L'assemblage de quatre morceaux donna un objet de forme oblongue et inconnue, de 35 cm de long. Sergio Rapu découvrit qu'il avait dans les mains un œil de moai, ou plus exactement le globe oculaire. En effet, un évidement y était aménagé pour recevoir l'iris, une rondelle de tuf volcanique rouge, plissé dans une fente au revers du globe, dans sa partie supérieure. L'œil coïncide avec l'orbite taillée dans la statue, simplement posé sur une rainure de la partie inférieure et incliné afin qu'il ne tombe pas : le moai, ainsi, « regarde les étoiles ».

On peut dire que tous les moai des ahu avaient ces mêmes yeux, avec de petites variantes toutefois. Par exemple, il a été retrouvé des iris en obsidienne lors de la restauration de l'ahu Tautira. On remarque une analogie avec les statuettes de bois, aux yeux faits de vertèbres de requin, avec incrustation d'un iris en obsidienne.

Maintenant, remontons dans le temps. L'américain Thomson songea en 1886 à des statues dont les yeux avaient disparu ; Lavachery, en 1935 pensait de même. Mulloy, en 1960, lors de la restauration de l'ahu Akivi était passé très près de la découverte, il avait lui aussi trouvé des morceaux de corail et un globe presque intact, qu'il prit pour une coupelle de cérémonie.

Le corail, inexistant à l'île de Pâques est apporté le long des côtes par la mer. Dans les années 1930, une collecte de corail fut faite pour obtenir de la chaux ; principalement dans la partie ouest de l'île. Il est vraisemblable que des yeux disparurent, le sable d'Anakena les a rendus.

Jacques Vignes,
Nouveau Regard sur l'île de Pâques,
Moana éditeur, Corbeil 1982

CHRONOLOGIE ARCHÉOLOGIQUE

La première chronologie archéologique de l'île de Pâques fut établie d'après l'architecture des monuments de Mulloy dans le cadre des travaux de l'expédition norvégienne, publiés en 1961. Trois périodes étaient distinguées : la période ancienne (400 - 1000), la période moyenne (1100 - 1680), la période tardive (1680 - 1868). Les travaux récents de Feidon (1961) de Ayres (1975-1981) de Stevenson (1984) et de Van Tilburg (1986) ont complété cette division tripartite.

400 - 1000 ? : période ancienne
Phase d'installation et de développement
Des statues ont du y être érigées antérieurement à 700. D'après Skjölsvold, ces statues sont plus petites que celles de la phase suivante ; d'un style naturaliste, elles auraient précédé les sculptures standardisées du Rano Raraku. Selon Van Tilburg, il en existe deux types morphologiques et même probablement trois. A la fin de cette phase, un ahu se dresse sur le site d'Orongo. Les éléments de la vie quotidienne de cette période sont mal connus.

1000 - 1680 ? : période moyenne (1000 - 1500, d'après Van Tilburg)
Phase d'expansion ou phase des Ahu Moai
L'apogée architecturale est atteinte dès de début de cette période. Les ahu se diversifient et leur dimension augmente ; le mur arrière de certains d'entre eux présente un parement fait de dalles habilement ajustées ; les moai érigés sur la plate-forme des ahu sont de plus en plus grands et stéréotypés ; signe probable d'une vive émulation entre les lignages et comme la prééminence des chefs sur les prêtres. L'extraction des statues dans les flancs du Rano Raraku se situe entre 1000 et 1500. Les couvre-chefs des moai en tuf rouge et sont postérieurs à 1500 perdurent jusqu'à la fin de la phase d'expansion.

L'organisation des villages et la forme des maisons sont connues. Sur des bases archéologiques, la population est estimée à 9 000 personnes vers 1600. A Orongo sont édifiés, vers 1400, des maisons de pierre de forme ovale ; mais les habitations les plus anciennes à murs épais en pierre sèche n'ont été construites sur ce site qu'après 1540. Les occupations de grottes datées ne sont pas antérieures à la fin de la phase d'expansion.

1680 - 1722 : période tardive (1500 - 1722, d'après Van Tilburg)
Phase de décadence, ou phase Huri Moai
Aucun ahu moai n'est édifié au cours de cette phase ; la plupart de ceux qui existaient sont détruits ou laissés à l'abandon. Des ahu semi-pyramidaux sont construits et utilisés comme sépultures collectives ou individuelles.

L'outillage est semblable à celui des périodes précédentes, mais les mataa, pointes de lance en obsidienne, semblent se multiplier vers 1700. L'opposition entre les entités territoriales Est et Ouest devient flagrante alors que se développe le culte de l'Homme-Oiseau.

Cette phase s'achève avec l'arrivée de Roggeveen.

1722 - 1868 : période protohistorique
Les ahu continuent à être utilisés comme sépultures ; dans beaucoup de cas, des ossements regroupés en paquets y sont simplement placés sous les pierres ; cependant, des changements importants accompagnent le contact avec les Européens.

La population est estimée à 9 600 personnes vers 1800 et 8 200 vers 1850.

La fin de cette phase coïncide avec la conversion au christianisme.

A partir de 1868 : période historique
Au début de cette phase, la population est concentrée dans la partie sud-ouest de l'île. En 1877, elle ne compte plus que 111 individus à la suite des rapts d'esclavagistes péruviens des épidémies et du départ des Pascuans vers Tahiti. Les ahu, parfois utilisés comme sépulture au début du XXe siècle perdent ensuite toute fonction religieuse.

Enigmes et délires

« Les solutions audacieuses proposées pour résoudre les problèmes de l'île de Pâques donnent une idée de l'importance qu'elle a prise dans l'histoire de la civilisation », écrivait Alfred Métraux. Mais si les mystères de l'île donnent lieu à des hypothèses très scientifiques, ils suscitent aussi les interprétations les plus fantaisistes.

Comment se déplacèrent ces géants de pierre

L'un des grands problèmes qui dominent l'archéologie de l'île de Pâques consiste à savoir comment ces statues furent transportées jusqu'aux *ahu*, certains situés à plusieurs kilomètres de la carrière. (...)

Plusieurs explications ont été données, les unes délirantes, et les autres difficilement valables.

Certains auteurs ont admis que l'on mettait sous la statue un véritable manteau de patates douces et d'ignames ! On songe à l'extraordinaire purée, et cela sur des kilomètres...

D'autres ont dit que l'on mettait des rouleaux de bois. Mais où ces malheureux Pascuans auraient-ils trouvé le bois nécessaire ? Il faut penser à ces pauvres rejetons de *Toro Miro*, tout déformés par le vent, et qui atteignent tout au plus la grosseur d'une cuisse.

D'autres ont parlé des traîneaux.

Oui, certes, les cordes ont existé, et nous connaissons leur texture. Elles étaient assez solides mais, pour le reste, il est impossible de croire à de pareilles suppositions. Fait d'autant plus remarquable, ces statues ne portent aucune trace de coup ou de rayure ; or, vu la relative fragilité de ce tuf volcanique, si celles-ci avaient été traînées sur des kilomètres, sur des rouleaux de bois, il en resterait des traces.

Evidemment, la logique cherche ses preuves, mais ce qui est le plus étonnant, c'est la réponse formelle de tous les indigènes : les statues se sont déplacées par *Mana*. Vrai ou faux, il est quand même étrange que la réponse soit toujours la même.

Nos informateurs spécifient : deux

hommes seulement possédaient le *Mana*. La population devait travailler durement pour sculpter ces *moai*, mais à leur achèvement, le Roi donnait le *Mana* de se déplacer. Ces choses furent perdues, il n'y a plus de *Mana*.

Il faut éviter de sourire devant de pareils propos, car si aucune explication logique n'est valable, pourquoi refuser, d'emblée, une hypothèse qui peut-être se vérifiera ?

Et si certains hommes, à une certaine époque, avaient pu utiliser des forces électro-magnétiques ou la force d'anti-gravitation ? C'est affolant, mais moins stupide que l'histoire des patates douces écrasées !

Il y a quand même une chose terriblement anormale sur la falaise du volcan. Des statues ont été descendues par-dessus des dizaines d'autres, sans laisser de traces.

Or, 10 ou 20 tonnes posent un problème.

Il faut s'abstenir d'une logique qui dit : s'il y eut des choses aussi exceptionnelles, la civilisation était exceptionnelle elle aussi, et nous savons qu'elle n'était qu'à l'âge de la pierre polie. Ce n'est pas tellement juste car, en Afrique par exemple, nous connaissons de nombreux faits très anormaux qui sont pourtant en parallèle constant avec une société dite stationnaire ou régressive.

Je crois difficilement à tout ce que je viens d'exposer, mais je ne puis refuser une probabilité possible.

Dans la mesure où, il y a à peine vingt ans, la chaire d'archéologie enseignait que la date limite de l'apparition de l'homme ne pouvait dépasser 100 000 av. J.-C., et où nous sommes maintenant si loin de cette affirmation logique — je m'inquiète des possibles ; je m'inquiète d'autant plus que les indigènes disent que tout est mort à l'île de Pâques lorsque le *Mana* a disparu, mais que je vois l'ahurissant témoignage d'un passé totalement anormal.

La parapsychologie trouvera peut-être sa vibration dans cette île au magnétisme si trouble.

Je repense ici à une autre affirmation d'un indigène. Il disait que « les statues, avançaient debout, tournant en demi-cercle sur leur base ronde ».

On a ici vraiment l'impression d'un mécanisme électromagnétique au champ limité. (...)

Quant à l'érection des statues sur les *ahu*, on peut tout penser... mais en face de la statue de 22 mètres (c'est-à-dire la hauteur d'une maison de sept étages), qui demeure en état de finition sur la falaise du Rano Raraku, plus aucune logique n'est possible. Songez, tête et cou, 7 mètres sur 3 mètres de diamètre, longueur du nez 3,40 mètres, hauteur du corps, 13 mètres, 50 tonnes ! Il y a actuellement peu de grues au monde capables de soulever une pareille masse.

Et pourtant cette statue est là, encadrée de ses deux couloirs d'accès, déjà aux trois quarts terminés.

Elle n'était pas faite pour rester incisée comme une sculpture dans le rocher. Elle était faite pour être levée. Or, ce chef sculpteur n'avait pas fait œuvre de fou. Il avait sûrement décidé de donner vie à ce géant.

Quand on pense que, pour enlever la fameuse statue appelée *La Briseuse de vagues*, haute de 2,30 mètres, il fallut plus de 500 hommes munis de treuils et de tout le matériel nécessaire — et que la corvette française la *Flore* ne put, malgré son matériel et ses hommes, que remporter une tête, du reste en fort mauvais état ! Sans arbres, sans grande possibilité de fabriquer sans cesse de nouvelles cordes, je ne vois pas comment ces statues furent transportées. L'île de Pâques, avec ses quelque 5 000 habitants, n'est pas l'Égypte, ou Tihuanaco, où certains archéologues se complaisent à penser que l'on pouvait employer une armée d'esclaves.

Alors il vaut mieux dire que le mystère reste intact ou que la solution est toute autre. Qu'elle est fantastique !

Francis Mazière,
Fantastique Ile de Pâques,
Robert Laffont 1965

Des hypothèses plus folles encore...

Les premiers navigateurs européens qui, au début du XVIIIe siècle, posèrent le pied sur l'île de Pâques, ne purent en croire leurs yeux. Disséminées sur cet espace restreint de terre à 3 600 km de la côte chilienne, gisaient plusieurs centaines de statues colossales. Des montagnes entières avaient été littéralement renversées et la roche volcanique, dure comme le fer, découpée comme une vulgaire motte de beurre. Ces statues gigantesques dont certaines atteignent 20 mètres de haut et pèsent 50 tonnes contemplent aujourd'hui encore de leur œil vide, le voyageur de passage, comme des robots monstrueux attendant le moment où l'on va les remettre en mouvement. (...)

L'île de Pâques se situe loin de tout continent et de toute civilisation. La lune et les étoiles sont plus familières aux habitants de l'île que toute autre terre. Aucun arbre ne pousse sur ce sol volcanique. Pas question donc d'expliquer le transport des colosses au moyen de « rouleaux de bois ». L'île n'a pas pu nourrir une population de plus de 2 000 habitants (il n'y en a guère plus de quelques centaines aujourd'hui). Il n'est guère pensable non plus que cette terre lointaine ait été

Statues géantes couchées dans la carrière du Rano Raraku.

approvisionnée, dans un passé éloigné, par voie maritime. Qui donc a pu tailler de tels blocs de pierre à même la montagne, puis les transporter — sans rouleaux — à plusieurs kilomètres de distance ? Qui a pu leur donner forme, les polir, les ériger ? Et comment leur a-t-on mis sur la tête ces chapeaux de dix tonnes ? (...)

Selon la tradition orale, des hommes volants auraient atterri sur l'île il y a longtemps et auraient montré aux habitants comment on fait du feu. Il n'est pas indifférent de souligner à cet égard que certains colosses de pierre portent des ailes.

Les coïncidences entre l'île de Pâques et Tiahuanaco s'imposent à l'esprit. Ici et là on trouve les mêmes colosses de pierre portant haut un visage fier à l'expression stoïque. Lorsqu'en 1532, Francisco Pizarro interrogea les Incas sur l'origine de Tiahuanaco, ils lui dirent que nul homme n'avait jamais vu cette ville autrement qu'en ruine car son édification remontait à la nuit des temps. Or, il se trouve que la tradition désigne l'île de Pâques comme le « nombril de la terre ». Comment expliquer de telles interférences entre des lieux situés à 5 000 km l'un de l'autre ?

Les cosmonautes inconnus qui, voici des millénaires, séjournèrent sur terre, devaient avoir la conviction que l'homme atteindrait un jour un niveau scientifique et technique suffisant pour pouvoir accéder à l'espace cosmique. L'intelligence humaine a toujours cherché — ainsi qu'en témoigne l'histoire universelle — à se réfléchir dans le miroir du cosmos, à nouer des contacts avec d'autres intelligences, avec d'autres créatures vivantes dispersées dans l'univers et à se découvrir avec elles des liens de parenté.

Erich von Däniken,
Présence des extraterrestres,
Robert Laffont, 1969

L'île de Pâques vue de la mer d'après un croquis du voyageur Alphonse Pinart.

La forêt disparue

Lorsque débarquèrent les premiers Pascuans, aux environs du VIIIe siècle de notre ère, les paysages étaient bien différents de ceux d'aujourd'hui. L'île était alors couverte de palmiers, d'arbustes et d'arbres dont certains atteignaient plus de vingt mètres de haut. Les habitants de Rapa Nui ne manquaient donc pas de bois d'œuvre pour transporter et ériger les moai.

Noix de *Paschalococos disperta* (diamètre d'environ 3 cm) découverte dans la falaise de Te Pora sur la côte ouest de l'île de Pâques.

L'analyse des pollens fossiles provenant des lacs de cratères semblait démontrer qu'à l'arrivée des Pascuans l'île était couverte d'une maigre végétation de type savane arborée. De récentes recherches prouvent qu'il n'en est rien! En effet, la détermination botanique de milliers de charbons de bois découverts dans les fours et foyers d'une dizaine de sites d'habitats anciens a prouvé l'existence d'une vingtaine de ligneux dont certains sont de grands arbres. C'est le cas d'*Alphitonia zizyphoïdes*, qui peut atteindre 30 m, et d'*Elaeocarpus rarotongensis*, haut de 15 m; leur bois est particulièrement utile pour la charpenterie de marine. D'autres arbres ont été identifiés, tels *Xylosma sp., Coprosma sp., Psydrax odorata, Myrsine sp., Syzygium malaccense, Pittosporum sp., Premna serratifolia* et *Psychotria sp.* Quelques rares ligneux poussent encore sur l'île comme *Thespesia populnea, Caesalpinia major, Broussonetia papyrifera, Sapindus saponaria* et *Triumfetta semitriloba*; ce dernier fournissait jadis une écorce très résistante pour la confection de solides cordages. Un petit arbre endémique, le *Sophora toromiro*, dont le bois imputrescible servait à sculpter les effigies des ancêtres (moai kavakava notamment), poussait autrefois abondamment sur l'île, de même qu'un grand palmier à sucre baptisé *Paschalococos disperta*. Ce palmier géant, proche parent du *Jubaea chilensis*, pouvait mesurer 25 m de haut pour un diamètre du stipe de plus d'1 m. Les Pascuans ne manquaient donc pas de matières premières (bois d'œuvre, feuillages, écorces, sève, etc.) pour bâtir

Forêt de *Jubea Chilensis* (Chili). Ces arbres s'apparentent aux *Paschalococos disperta* que l'on trouvait jadis sur l'île de Pâques.

et couvrir leurs habitations, construire des pirogues, préparer de précieux médicaments, fabriquer des engins de pêche et déplacer les moai jusqu'à leur plate-forme cérémonielle.

Ces arbres et arbustes qui couvraient autrefois l'île de Pâques sont, pour la plupart, originaires d'Asie du Sud-Ouest ; ils appartiennent tous au même type de formation végétale de type mésophile, c'est-à-dire caractéristique des régions à pluviosité moyenne. Le paysage de Rapa Nui était semblable à celui que l'on rencontre actuellement, sous des formes variées, dans les basses vallées ou sur les premières pentes des îles de Polynésie orientale, comme à Tahiti par exemple.

L'analyse de 33000 charbons de bois collectés dans des fours et foyers situés à proximité des anciennes habitations et des lieux de culte a montré qu'à partir de la deuxième moitié du XVIIe siècle les Pascuans n'utilisaient presque plus de bois comme combustible mais plutôt des herbes, ce qui traduirait une disparition brutale de la forêt. Ce drame écologique sans précédent ne serait pas la conséquence d'une surexploitation du milieu par les insulaires, mais vraisemblablement le résultat d'une période de sécheresse prolongée.

Catherine Orliac

Importance de la parure

Nous devons à l'ethnologue Alfred Métraux l'essentiel de nos connaissances sur la vie traditionnelle des Pascuans. Il recueillit ses informations au cours d'une expédition (27 juillet 1934-2 janvier 1935) menée en compagnie de l'archéologue belge Henri Lavachery.

Le vêtement et la parure

Les hommes n'avaient pour tout vêtement qu'une large ceinture en écorce battue dont une extrémité passée entre les jambes retombait sur le bas-ventre. Pour se défendre du froid ou simplement par souci d'élégance, ils jetaient sur leurs épaules une cape rectangulaire teinte avec de la poudre de Curcuma. Les femmes portaient une ceinture semblable et parfois une courte jupe. Elles aimaient aussi s'envelopper dans une cape en écorce.

Les cheveux flottaient librement sur les épaules ou étaient noués en toupet sur le haut de la tête. Il en était de même pour les femmes dont la chevelure ramassée en chignon est comparée à une nageoire de poisson dans un chant d'amour :

Jeune fille, tu te meurs d'amour.
Tu es un crabe qui vit sous le mausolée Akurenga,
Tu es un poisson à chignon.
Tu te diriges vers le rivage,
Petit poisson, ô mon amie !
Il y a là-bas des algues
Bonnes pour te nourrir.

Le souci de l'apparence ne trouvait à s'exprimer ni dans le vêtement ni dans la coiffure, mais dans le tatouage qui faisait du corps de certains hommes une véritable œuvre d'art. Loti et d'autres voyageurs ont reproduit les motifs que les Pascuans tatouaient sur leur personne. Par leur variété, par leur complexité et leur arrangement imprévu et ingénieux, les tatouages pascuans le cèdent à peine en valeur artistique à ceux des Marquisiens et des Maori, peuples qui ont poussé cet art à sa plus haute perfection.

Le style de ce tatouage se caractérise par l'importance accordée aux surfaces pleines de forme géometrique qui s'étendent sur le visage et d'autres régions du corps. Une autre de ses particularités est l'usage fréquent de motifs réalistes, représentant des oiseaux, des plantes ou des instruments. L'indigène dont Stolpe releva le tatouage, portait sur un bras la scène de l'enlèvement de la statue d'Orongo par les marins du *Topaze*. Des lignes perpendicualires et serrées tatouées sur les cuisses et les jambes donnaient à beaucoup d'indigènes l'apparence de porter des bas ou des hauts-de-chausse.

Ces œuvres d'art étaient produites par des experts qui prêtaient leurs services à ceux qui avaient le moyen de les entretenir. Le rang et l'aisance d'un individu étaient souvent indiqués par l'étendue et la beauté des motifs dont sa peau était couverte. L'opération était lente et s'effectuait à intervalles de plusieurs années. Pour que le tatouage fût parfait à l'âge adulte, on devait le commencer de bonne heure, généralement à huit ans. Les « experts en tatouage » avaient pour instruments un petit rateau en os qu'ils tapotaient avec un maillet pour l'enfoncer dans l'épiderme. La substance colorante était du charbon fait avec des tiges de ti, auquel on mêlait du suc de poporo (*Solanum nigrum*). Ces séances étaient douloureuses et certains enfants étaient incapables de les supporter, telle Viriamo dont le tatouage resta inachevé. Les motifs du tatouage pascuan nous sont connus surtout par deux images en tapa qui figurent au Peabody Museum de Harvard.

Les effets du tatouage étaient rehaussés par des peintures corporelles pour lesquelles on utilisait des terres rouges, blanches et grises et surtout de la poudre extraite du Curcuma. La faveur dont cette racine jouissait tient non seulement à la couleur orange qui en est tirée, mais aussi à son parfum. L'odeur qui s'en dégage est des plus agréables pour un Polynésien, mais les Européens y sont insensibles. Les effluves parfumés des Curcuma du Rano-raraku attirèrent jadis deux femmes-esprits qui vivaient *i te hiva*, en terre étrangère, et qui s'envolèrent vers l'Ile de Pâques pour connaître ces plantes merveilleuses. Le mythe ajoute que ce sont elles qui apprirent aux ancêtres des Pascuans la méthode délicate par laquelle on prépare la fameuse poudre de *pua*.

Le rouge et le noir étaient les couleurs favorites des hommes. Ils s'en barbouillaient le visage ou faisaient alterner ces deux couleurs. Ceux qui étaient noircis de la tête aux pieds causèrent une impression très vive aux premiers Européens qui les virent.

L'Ile de Pâques aurait pu être appelée la « Terre des hommes aux longues oreilles ». Les indigènes que décrivent les premiers navigateurs avaient le lobe de l'oreille largement perforé pour y introduire un lourd ornement en vertèbres de requin ou en bois. Cette mode se perdit à l'époque où la civilisation indigène disparut, et les derniers vieillards aux oreilles perforées moururent au début de ce siècle. Les indigènes attribuèrent à juste titre aux « hommes aux longues oreilles » la construction des monuments de leur île et expliquèrent la décadence dans laquelle ils étaient tombés par l'extermination des « longues oreilles » par un peuple « aux petites oreilles ». Ce thème mythique est donc récent et l'on ne doit pas en conclure que les indigènes modernes sont les descendants d'envahisseurs qui firent la guerre aux « longues oreilles ».

Les plus beaux ornements étaient des diadèmes en plumes de coq aux formes et aux couleurs variées et surtout des casques en joncs couverts de mosaïques de plumes. Les femmes se coiffaient d'étranges chapeaux en vannerie, larges et arrondis sur les côtés et relevés en pointes aux deux extrémités.

Les anciens Pascuans avaient la passion des couvre-chefs et pour la satisfaire ils s'exposèrent aux représailles des Européens dont ils volaient les chapeaux. Ce goût prenait même parfois des formes comiques. Eyraud raconte dans une de ses lettres qu'il n'était objet dont ils ne fissent une coiffure. Calebasse, demi-melon, carcasse d'oiseau, tout leur était bon.

On vit même un indigène qui arborait fièrement sur sa tête deux seaux emboîtés l'un dans l'autre. Mais le cas le plus amusant fut celui d'un homme qui, ayant découvert un soulier, s'en chaussa littéralement le crâne. Ces fantaisies vestimentaires prirent fin après la période d'assimilation.

Le portrait d'un ancien Pascuan en tenue de fête n'est complet que si l'on énumère les ornements en bois dont il se parait. S'il était noble et riche, il suspendait sur sa poitrine un large croissant dont les cornes sculptées représentaient des personnages barbus ou des coqs (*rei-miro*). D'autres s'attachaient aux épaules, des *tahonga*, sortes de « cœurs » en bois dans lesquels on a voulu reconnaître des noix de coco stylisées.

Ces déploiements de richesses n'ont jamais été contemplés par un voyageur européen. Nous les connaissons par les récits des indigènes modernes et par les spécimens qui sont parvenus dans nos musées.

Tepano se plaisait à énumérer ces trésors en bois. Il courait à leur sujet les mêmes légendes que pour les tablettes. Pendant notre séjour, plus d'un Pascuan, à la suite d'un songe, se mit à la recherche de grottes pleines de *rei-miro*, de *tahonga* et de statuettes, car les rêves de richesse s'alimentent encore du souvenir de ces parures en bois.

Origine du tatouage, mythe pascuan.

« La Femme-lézard et la Femme-mouette quittèrent la maison à Hakarava pour se rendre à la baie de Hanga-Takaure. La Femme-lézard demanda : Quel est le nom de ce sanctuaire ? – Hanga-takaure est le nom de cette terre, répondit la Femme-mouette. Que nous importe Hanga-takaure à nous, Femme-lézard et Femme-mouette ! »

« Elles continuèrent leur chemin et, devant chaque village ou chaque sanctuaire, la Femme-lézard posait la même question et chaque fois sa sœur lui donnait le nom du lieu, ajoutant : « Qu'est-ce que cela peut bien nous faire ? » (Le conteur énumère ainsi tous les sites de la côte sud).

« Les deux sœurs nagèrent vers l'îlot Motu-nui. Elles y trouvèrent les deux frères Heru et Patu, dont elles eurent chacune un fils. Les deux femmes étaient tatouées sur les joues, les lèvres, le menton, la gorge, les bras, les cuisses et elles avaient deux cercles sur les hanches. Les deux frères quittèrent l'île

et couchèrent avec deux autres femmes dont ils eurent aussi des enfants.

« Les fils de la Femme-lézard et de la Femme-mouette avaient été tatoués sur les jambes et sur les joues. Devenus grands, ils partirent pour la grande île et abordèrent à Orongo. Là, l'aîné sauta sur une haute pierre et dit : « Je suis la nouvelle lune ». Le cadet grimpa sur une pierre moins haute et dit : « Regardez, je suis la pleine lune ».

« Ils se dirigèrent vers une plage où des jeunes gens s'amusaient à se laisser glisser sur les vagues. Ils empruntèrent des flotteurs et, nageant à l'endroit où se brisent les grandes vagues suivies de vagues plates, ils se laissèrent porter par la houle jusqu'au rivage. La foule cria : « Les chevaucheurs de vagues ont abordé ».

« Ils allèrent ensuite se baigner dans un puits d'eau douce. Deux garçons arrivèrent sur ces entrefaites pour y prendre de l'eau. Les fils de la Femme-lézard et de la Femme-mouette prononcèrent un charme et brisèrent leurs calebasses. « Pourquoi avez-vous brisé nos calebasses, leur demandèrent les premiers – Nous n'en savons rien. Dites-nous qui vous êtes. – Nous sommes les fils de Heru et de Patu », répondirent les garçons. « Comment pouvez-vous être aussi les fils de Heru et de Patu, vous crabes, langoustes et poulpes ? » s'exclamèrent les fils des deux déesses.

« Les garçons retournèrent au village et racontèrent leur rencontre avec les jeunes gens tatoués. On les renvoya pour ramener ces derniers au village.

« Les deux jeunes gens s'installèrent dans une hutte où il y avait deux jeunes filles Hangu-arai qui leur donnèrent à manger du poulet et des patates. Ils essayèrent de coucher avec elles, mais elles s'y refusèrent. Ce n'est qu'au matin que les jeunes filles se rendirent compte de la beauté des deux jeunes gens et qu'elles en devinrent amoureuses. Elles se jetèrent sur eux avec violence, mais les jeunes gens ne voulurent pas se laisser faire et ils s'enfuirent vers un autre village. Les jeunes filles les y suivirent. Dans le village de Vai-karanga, il y avait une grande maison de fête. Deux jeunes filles fort laides, Angu, s'éprirent à leur tour des jeunes gens au beau tatouage et elles complotèrent la mort de leurs rivales. Elles les invitèrent à se baigner dans un endroit rocailleux. Une des deux Hangu-arai dit à l'une des Angu : « Saute la première ». La jeune fille sauta, mais les deux Hangu-arai récitèrent un charme et elle s'écrasa sur un rocher. La seconde Angu prit peur, mais les deux Hangu-arai lui dirent : « Ta sœur dort, saute sans crainte ». Elle obéit et se tua. Les deux filles épousèrent les fils de Heru et de Patu.

« Quant à la Femme-lézard et à la Femme-mouette, elles restèrent quelque temps sur l'île de Motu-nui. L'aînée monta sur une pierre et cria : « Vous, ô démons Vivi et Vaovao, venez et emportez-moi ! » Ils accoururent pour la tuer, elle et sa sœur.

Alfred Métraux,
l'Ile de Pâques,
Gallimard 1941

L'écriture rongorongo

Voyage extraordinaire, statues géantes, culte de l'homme-oiseau, jardins souterrains : les Pascuans ont tout fait pour s'étonner eux-mêmes et nous émerveiller. Ce peuple minuscule perdu dans l'Océan immense n'a-t-il pas également inventé une écriture, prodige réservé croyait-on, aux civilisations nées des grands fleuves de la Mésopotamie, de l'Afrique et de l'Asie ?

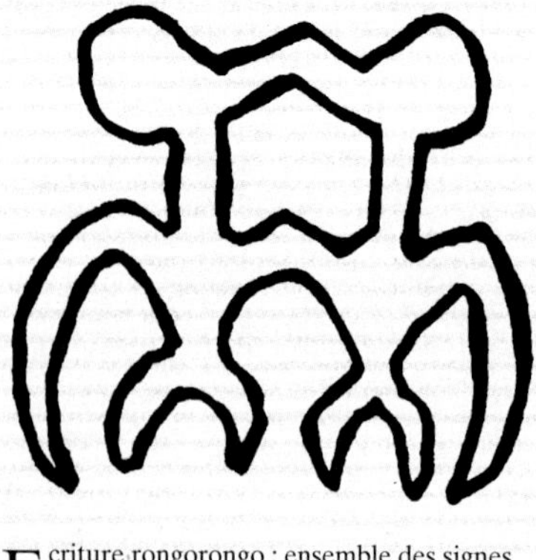

Ecriture rongorongo : ensemble des signes représentant des oiseaux doubles.

Dans un rapport de décembre 1864, le frère Eugène Eyraud rend compte à son supérieur, le très révérend père Rouchouze, de son douloureux séjour de neuf mois à l'île de Pâques.

Ce témoignage capital contient la première et la seule description *in situ* des tablettes portant la mystérieuse écriture : «On trouve dans toutes les cases des tablettes de bois ou des bâtons couverts d'espèces de caractères hiéroglyphiques. Ce sont des figures d'animaux inconnus dans l'île, que les indigènes tracent au moyen de pierres tranchantes. Quelle signification attachent-ils à ces caractères? Il est probable qu'ils ne le savent pas trop. Chaque figure, sans doute, a son nom. Mais le peu de cas qu'ils font de ces tablettes me porte à penser que ces caractères, probablement une écriture dans le principe, sont tout simplement pour eux maintenant un usage qu'ils conservent, sans chercher à s'en rendre compte. En effet, ils n'ont l'idée ni de la lecture ni de l'écriture.» Les tablettes sont alors encore nombreuses, exposées à la vue. Lorsque Eyraud reviendra avec la mission, en 1866, il ne pensera pas à les signaler aux pères Hippolyte Roussel et Gaspar Zuhmbohm. En 1869, le père Gaspar remit à Mgr Jaussen, à Tahiti, un cadeau de la part des Pascuans : une longue et fine tresse de cheveux enroulée autour d'une planchette irrégulière. Quelle fut l'émotion de Monseigneur, érudit, grand admirateur des Polynésiens, lorsqu'il découvrit que des centaines de signes étaient gravés dans le bois!

Ses recommandations permirent aux deux prêtres de sauver la plupart des 25 objets portant des signes rongorongo. Les noms génériques donnés aux tablettes étaient alors *ta rapanui, et timo te ako ako*. Dès leur découverte, les signes rongorongo suscitèrent les hypothèses les plus audacieuses ; l'une d'elles plaçait leur origine dans le bassin de l'Indus.

L'analyse de cette écriture a progressé grâce aux travaux de Boris Kudryatsev, Valeri Chernushkov et Oleg Klitin, Nikolai Butinov et Yuri Knorozov, Thomas Barthel, Irina Fedorova, et, depuis les années 1980, grâce à ceux de Jacques Guy, Steven Fischer et Konstantin Pozdniakov. Steven Fischer insiste sur la répétition de triades de signes représentant chacune l'origine d'un être, naturel ou surnaturel, probablement dans un chant de création : au premier glyphe de chaque triade s'accole un signe phallique pointé vers le second, le résultat de cette copulation étant représenté par le troisième. Ce lien évident entre trois glyphes, une des multiples voies de déchiffrement d'un système complexe, n'en livre toutefois pas toutes les clefs. Konstantin Pozdniakov a montré que la fréquence d'occurrence des différents glyphes correspond à celle des syllabes de la langue pascuane : plutôt que des lettres ou des mots, ces signes représenteraient donc des syllabes. Quoi qu'il en soit, le système de notation rongorongo semble être une écriture, et non un simple procédé mnémotechnique. Que l'écriture rongorongo soit une très ancienne invention des Pascuans ou qu'elle ait été inspirée, comme le croit Steven Roger Fischer, par la signature du traité d'annexion espagnol en 1770, elle dévoile la grande complexité des constructions intellectuelles des Pascuans et constitue un des traits les plus originaux de son identité.

Michel Orliac

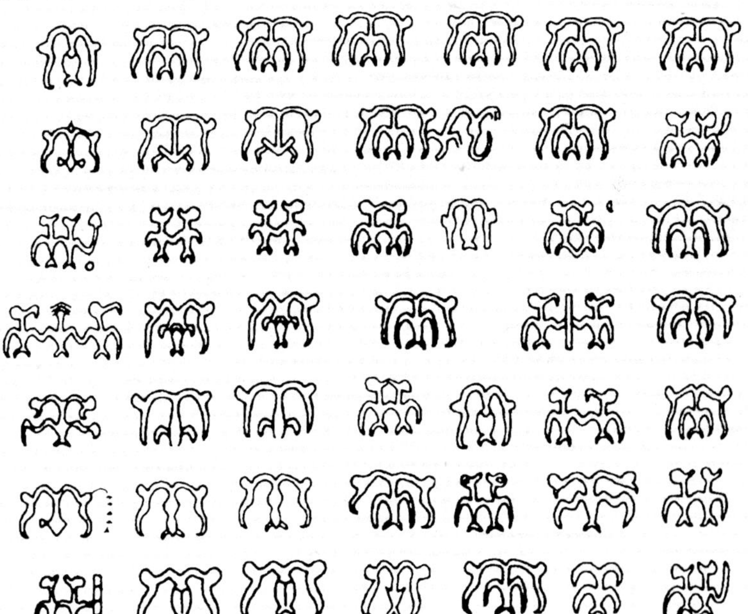

BIBLIOGRAPHIE

- Bahn (P.) and Flenley (J. R.), *The enigmas of Easter Island,* Oxford University Press, 2003.
- Cercle d'études sur l'île de Pâques et la Polynésie, *Les Mystères résolus de l'île de Pâques*, Evry, Step, 1993.
- Cook (J.), *Voyage dans l'hémisphère austral et autour du monde fait sur les vaisseaux du roi, l'«Aventure» et la «Résolution» en 1772, 1773, 1774 et 1775*, Panckoucke, Paris, 1778.
- Cuénot (J.), *L'Ile de Pâques et la plume du dieu-oiseau*, Meudon, J. Cuénot, 1993.
- Englert (S.), *Island at the center of the word*, Scribners, New York, 1970.
- Esen-Baur (H.-M.) et Forment (F.), *L'Ile de Pâques : une énigme?* Musées royaux d'art et d'histoire, Bruxelles, 1990.
- Fischer (S.R.), *Rongorongo : The Easter Island Script*, Clarendon Press, Oxford, 1997.
- Flenley (J.R.) *et alii*, «The Late Quaternary Vegetational and Climatic History of Easter Island», *Journal of Quaternary Science*, n° 6, 1991.
- Forment (F.), «Les Figures moai kavakava de l'île de Pâques», *Working Papers in Ethnic Art*, n° 5, University of Ghent, 1991.
- Forment (F.), Huyges (D.), et Valladas (H.), «AMS 14C age determination of rapanui (Easter Island) wood sculpture : moai kavakava ET 48-63 from Brussels», *Antiquity* 75 : 529.32, 2001.
- Guy (J.) «The Lunar Calendar of Tablet Mamari», *Journal de la Société des Océanistes*, Musée de l'homme, Paris, 1990.
- Hagelberg (E.), Quevedo (S.), Turbon (D.), Clegg (J.B.) «DNA from Ancient Easter Islanders», *Nature*, n° 369, 1994.
- Heyerdhal (T.), *The art of Easter Island*, George Allen and Unwin Ltd, London, 1976.
- Jumeau (M. A.), «Bibliographie de l'île de Pâques», *Publication de la Société des Océanistes*, n° 46, musée de l'Homme, Paris, 1990.
- La Pérouse (J. F. Galaup de), *Voyage de La Pérouse autour du monde (1785-1788)*, Paris, 1797.
- Lavachery (H.), *Île de Pâques*, Grasset, 1935.
- Lee (G.), «The Rock Art of Easter Island, Symbols of Power, Prayers to the Gods», *Monumenta archaeologica*, vol. 17, The Institute of Archaeology, University of California, 1992.
- Loti (P.), *L'Île de Pâques, journal d'un aspirant de la «Flore»*, Pierre-Olivier Combelles, Paris, 1988.
- McCall (G.), *Rapanui, Tradition and survival on Easter Island*, 2nd ed., Allen and Unwin, St Leonards, 1994.
- Mellen Blanco (F.), *Manuscritos y documentos españoles para la historia de la Isla de Pascua*, Centro de Estudios y Experimentación de Obras Públicas y Urbanismo, Madrid, 1986.
- Métraux (A.), *Île de Pâques,* Gallimard, Paris, 1941 ; coll. «Tel», Gallimard, Paris, 1980.
- Orliac (C.), «Données nouvelles sur la composition de la flore de l'île de Pâques», in *Journal de la Société des Océanistes*, 1998-2, musée de l'Homme, Paris, 1998.
- Orliac (C.), «The woody vegetation of Easter Island between the early 14th to the mid-17th century AD», *Easter Island Archaeology : Research on Early Rapa Nui culture*, C. Stevenson and W. S. Ayres (dir.). Easter Island Foundation, Los Osos, California.
- Orliac (C.), «Des arbres à l'île de Pâques entre le XIVe et le XVIIe siècle de notre ère», in *L'archéologue*, n° 51, 2000-2001.
- Orliac (C.),«Ligneux et palmiers de l'île de Pâques entre le XIe et le XVIIe siècle de notre ère», in *Archéologie en Océanie insulaire : peuplement, sociétés et paysages*, Paris, Artcom', 2003.
- Orliac (M.), «L'Île aux bêtises», in *Ulysse, La revue du voyage culturel*, Paris, 1990.
- Orliac (M.), «Île de Pâques», in *Encyclopædia Universalis*, Paris, 2000.
- Orliac (M.), «Culte de l'homme-oiseau», in *Encyclopædia Universalis*, Paris, 2000.
- Orliac (C.) et Orliac (M.), «L'Île aux mille statues», in *Science et Avenir*, hors-série n° 82, Paris, 1991.
- Orliac (C.) et Orliac (M.), *Bois sculptés de l'île de Pâques*, coll. «Arts témoins», Parenthèses, Marseille et Louise Leiris, Paris, 1995.
- Orliac (C.) et Orliac (M.), «Bois sculptés de Rapa Nui», in *Voyage vers l'île mystérieuse*, musée d'Aquitaine, Bordeaux, 1996.
- Orliac (C.) et Orliac (M.), «Les bois sculptés ou l'art méconnu de l'île de Pâques», in *Archeologia*, n° 325, 1996.
- Orliac (C.) et Orliac (M.), «L'Île de Pâques sous le regard des dieux», in *Art des Mers du Sud, Insulinde, Mélanésie, Polynésie, Micronésie*, coll. du musée Barbier-Mueller, D. Newton dir., Adam Biro, Paris, 1998.
- Orliac (C.) et Orliac (M.), «Les Pascuans ou Rapanui», in *Sculptures, Afrique, Océanie, Asie et Amériques*, J. Kerchache dir., Réunion des musées nationaux et musée du Quai Branly, Paris, 2000.
- Palmer (J. L.), *A Visit to Easter Island or Rapa*

Nui, Proceedings of the Royal Geographic Society, Londres, 1870.
- Pozdniakov (K.) «La Base du déchiffrement de l'écriture de l'île de Pâques», in *Journal de la Société des Océanistes*, 103/2, musée de l'Homme, Paris, 1996.
- Ramirez (J. M.) et Huber (C.), *Easter Island : Rapa Nui, a land of rocky dreams*, Alvimpress editores, Santiago, 2000.
- Routlege (K.), *The Mystery of Easter Island*, Hazell, Watson, Vinez, London, 1919.
- Sagnes (F.), *Île de Pâques*, Créaphis, Paris, 1988.
- Thomson (W. J.), «Te Pito te Henua or Easter Island», *Annual Report of the Smithsonian Institution*, Washington, 1891.
- Van Tilburg (J.-A.), «HMS Topaze on Easter Island», *British Museum Occasionnal Papers* n° 73, Department of Ethnography, 1992.
- Zizka (G.), *Flowering Plants of Easter Island*, coll. «Palmarum Hortus Francofurtensis», 3, Frankfurt am Main, 1991.

ORIENTATION MUSÉOGRAPHIQUE

Les objets de l'île de Pâques sont rares et d'une valeur inestimable : souvent conservés dans les réserves des musées ou dans les collections privées, certains d'entre eux sont cependant exposés dans les musées suivants :

Allemagne : il existe des collections d'objets pascuans au Staatliche Museum fur Völkerkunde de Berlin, ainsi qu'à Brême, Cologne, Dresde, Göttingen et Münich.
Autriche : Museum fur Völkerkunde de Vienne.
Belgique : musées d'Art et d'Histoire à Bruxelles.
Chili : musée d'Histoire naturelle et musée de La Merced à Santiago, musée Fonck à Viña del Mar.
Etats-Unis : parmi les principales collections, citons celles du Field Museum of Natural History de Chicago, du Peabody Museum à Cambridge, du Museum of Natural History de New York, de l'American Museum of Natural History (Smithsonian Institute) de Washington et du Bernice Pauai Bishop Museum d'Honolulu.
France : Pavillon des sessions du musée du Louvre, musées d'Histoire naturelle de La Rochelle et de Toulouse et musée Calvet d'Avignon.
Grande-Bretagne : British Museum de Londres et Pitt Rivers Museum d'Oxford (dont collections rapportées par Cook et Forster).
Italie : les objets rapportés par les missionnaires sont conservés à la Congrégation des Pères de Picpus à Rome
Russie : musée d'Anthropologie et d'Ethnographie Kunstkamera de Saint-Pétersbourg.

TABLE DES ILLUSTRATIONS

COUVERTURE

OUVERTURE

CHAPITRE I

de Pâques, lithographie du XIXe s. Coll. Jacques Vignes.
22h Chargement de guano, gravure d'après dessin de Neuville, in *Le Tour du Monde*, 1868, t. 2. Coll. part.
22b Jeunes indigènes sur les plantations de guano. *Idem.*
23h Déchargement des wagons de Guano. *Idem.*
24h Tombe du frère Eugène Eyraud à Hangaroa, photo.
25h Transport de la statue *L'ami volé*, photo, XIXe s. Peabody Museum, Harvard University, Etats-Unis.
25b *La Briseuse de vagues*, photo Maurice Déribéré, British Museum, Londres.
26 Groupe d'employés sur les plantations de Brander, photo Thomson. Coll. Jacques Vignes.
27h Timbre chilien, photo Maurice Déribéré.
27b Portrait de Sébastien Englert, photo, XXe s.

CHAPITRE II

28h Pirogue de Raiatea, dessin de Sydney Parkinson, 1769. British Library, Londres.
28b Pirogue double. *Idem.*
29 Polynésien, Gravure in *Die Entdeckungsreise in die Südsee*, Otto van Kotzebue, Weimar, 1821. Bibl. nat.
30 Céramique lapita, photo José Garanger.
30/31 Squelette de *Dinornis maximus* et d'un chef maori, gravure d'après Haast. Coll. part.
30/31 Carte de peuplement de la Polynésie. Infographie d'Edigraphie.
32/33 Pirogues de guerre de Tahiti, peinture de William Hodges, 1777. National Maritime Museum, Londres.
34h Pirogues sous hangar, gravure in *Voyage pittoresque autour du monde*, Dumont D'Urville, 1834-1835. Coll. part.
34/35 Vue d'une partie du port de Fare, Huahine, peinture de William Hodges. *Idem.*
35h Vue générale de la baie de Matavai, peinture de William Hodges, 1775. National Maritime Museum, Londres.
36 Pirogues de l'île de Pâques et de l'île Tikei, Tuamotu, dessin, in *Vues et paysages des régions équinoxiales*…, Choris, 1826. Bibl. nat., Paris.
37 Pagaies de l'île de Pâques, dessin Michel Orliac, d'après des photographies de W. J. Thomson, in «Te pito te henua, or Easter island», *Report of the US Natural Museum for the year ending June 30, 1889*, Washington, 1891.
38/39 Pirogues de Tahiti, aquarelle de George Tobin, 1792. Mitchell Library, Sydney.
40/41 Baie d'Arue à Tahiti. *Idem.*
42 Tu, roi de Tahiti, gravure italienne, 1792. Bibl. des Arts décoratifs, Paris.
43 Baie de Matavai à Tahiti, aquarelle de Tobin, 1792, Mitchell Library, Sydney.

CHAPITRE III

44 L'île de Pâques, 7 janvier 1872, vers 5 h du matin, aquarelle de Pierre Loti, «à Mme Sarah Bernhardt». Coll. part.
45 Oiseau, sculpture en bois. Musée du Cinquantenaire, Bruxelles.
46g Bâtons ua en bois de Toromiro. Musée de l'Homme, Paris.
46m Pectoral en bois de Toromiro. *Idem.*
46d Tête sculptée de bâton ua. *Idem.*
47h Homme de l'île de Pâques, gravure, Grasset de Saint-Sauveur, 1796. Bibl. des Arts décoratifs, Paris.
47b Femme de l'île de Pâques, gravure espagnole, 1790.
48 Carte des principaux sites de l'île de Pâques, dessin de C. Visse, d'après J. Garanger.
49h Carte dressée par les officiers de la corvette chilienne «O'Higgins» en 1870, in *L'Île de Pâques et ses mystères*, Dr Stephen Chauvet, 1935.
49b *Entrée de la case du vieux chef*, dessin de Pierre Loti, 1872
50/51 Maisons de l'île de Pâques, dessin de Bernizet, 1786, in *Voyage autour du monde*, La Pérouse. Coll. Jacques Vignes.
52 Cases de Mataveri, dessin de Pierre Loti, 1872. Coll. Pierre Loti-Viaud.
53h Lézard sculpté en bois. Musée du Cinquantenaire, Bruxelles.
53b Maison de l'île de Pâques, photo José Garanger.
54h Femme de l'île de Pâques, gravure, Grasset de Saint-Sauveur, 1796. Bibl. des Arts déco., Paris.
54b Poulaillers, gravure in *Die Oesterinsel, eine Prähistorishes Kultur Stätte in der Süd see*, Geiseler, 1883. Coll. part.
55d Hameçon en os humain. Musée du Cinquantenaire, Bruxelles.
55b Homme et femme de l'île de Pâques, gravure italienne de 1820, d'après le dessin de Blondella, 1786.
56h Jardin souterrain, photo Christian Zuber.
56b Patate douce, aquarelle in *Les Plantes des Antilles*, par le père Plumier, 1686. Bibl. nat., Paris.
57h Igname aquarelle in *Les Plantes des Antilles*, *idem*.
57b L'arrow-root, gravure du XIXe s. Coll. part.
58 Indigènes de l'île de Pâques, lithographie anonyme, XIXe s.
59 Habitants de l'île de Pâques in *Voyage pittoresque autour du monde*, Choris, 1822. Bibl. nat., Paris.
60 Paysage de la côte est entre Vaïku et le Rano Raraku, dessin de Pierre Loti. Coll. Pierre Loti-Viaud.
61 Cérémonie indigène, dessin de Pierre Loti. *Idem.*
62g Statuette moai

CHAPITRE IV

TÉMOIGNAGES ET DOCUMENTS

123 Maison du village d'Orongo, photo.
124 Œil de statue, photo José Garanger.
126 Statues colossales de l'île de Pâques, gravure, fin XIXe s.
128 Statues géantes non détachées du rocher dans la carrière du Rano Raraku, photo.
129 L'île de Pâques vue de la mer, dessin d'après Alphonse Pinart, *Le Tour du Monde*, t. 2., 1978. Coll. Jacques Vigne.
130 Noix paschalococo, photo C. Orliac.
131 Forêt de *Jubaea*, Chili, photo J. Grau.
132 Homme de l'île de Pâques, gravure espagnole, Madrid, 1799.
134 Coiffure de l'île de Pâques, photo. Peabody Museum, Harvard University, Cambridge.
135 Portrait de femme de Rapa Nui, Pierre Loti, 1872. Coll. Pierre Loti-Viaud.
136-137 Ensemble des signes représentant des oiseaux doubles, dessin Michel Orliac d'après S. R. Fischer, *Rongorongo : The Easter Island Script*, Oxford, 1997.

INDEX

A

B

C - D

E - F

G - H

J - K

L - M

CRÉDITS PHOTOGRAPHIQUES

Bettman Archives, New York 16h. Bibliothèque nationale 14, 14-15, 29, 36. Bridgeman Art Library, Londres 102. British Library, Londres 28h, 28b. Charmet 12, 18b, 19, 42, 47h, 47b, 54h, 55b, 56b, 57h, 58, 59, 72-73. Collections particulières 13, 18h, 20, 22h, 22b, 23h, 34h, 49h, 57b, 74d, 78, 79, 85, 86-87, 86d, 94-95. Congregazione dei S.S Cuori, Rome 24. Dagli-Orti 17. Maurice Dériberé 25b, 27h, 66h, 74g. D.R. 121, 4e couv. Chriss Foss, Londres 82-83. José Garanger, 30, 53b, 90h, 120, 124. Alain Gautier 66b, 77. J. Grau 131. Collection Jacques Loti-Viaud 44. Collection Pierre Loti-Viaud 49b, 52, 60, 61, 84. Magnum 10. Mitchell Library, Sydney 38-39, 40-41, 43. Musée Carnavalet 108. Musée du Cinquantenaire, Bruxelles 45, 53h, 55h. Musée de l'Homme, Paris 113, 115, 46g, 46m, 46d, 62g, 62d, 64g, 64-65, 87. Musée de la Marine, Paris, 106. Musée Naval, Madrid 105. National Maritime Museum, Londres 35h, 34-35, 80-81. Peabody Museum Harvard University 25h, 63, 110, 126, 128. Photodisc/Gettyimages 1er plat. Roger-Viollet 27b. Roger-Viollet/Guillard 123. Royal Geographical Society, Londres 68-69, 70-71, 76, 91, 118. François Sagnes 16b, 67, 92. Jacques Vignes 11, 20-21, 26, 50-51, 54b, 129. Christian Zuber, Paris 9, 56h, 75, 89h, 90b, 93, 94, 96.

REMERCIEMENTS

Nous remercions pour l'aide qu'ils nous ont apportée dans la réalisation de cet ouvrage : José Garanger, professeur à l'université de Paris I; Jacques Vignes, spécialiste de l'île de Pâques; le père Paul Hodée, vicaire général de l'archevêché de Papeete; André Valenta, président du cercle d'études sur l'île de Pâques et la Polynésie; Marie-Claire Bataille-Benguigui, assistante au Muséum national d'Histoire naturelle; Björn Alden, conservateur du jardin botanique de Göteborg (Suède); Christian Gleizal, éditeur de l'*Encyclopédie de la Polynésie*; Pierre-Olivier Combelles, éditeur; Jacques Loti-Viaud, collectionneur; Pierre Loti-Viaud, collectionneur; le père André Mark de la congrégation des Sacrés-Cœurs à Rome; madame Forment, conservateur au musée du Cinquantenaire de Bruxelles.

Table des matières